U0059877

ༀ། །ཡ་སྐྱོབ་པའི་རྣམ་ཐར་ཕྱོགས་

བཅུ་དུས་གསུམ་མའི་བར་རིས་ཀྱི་

འགྲེལ་པ་བཞུགས་སོ།།

覺巴吉天頌恭祖師傳記
《十方三世》
壁畫之注釋

རྩ་ཚིག་ཚོམ་པ་པོ།
སྨྱུན་པ་འབྲི་གུང་གླིང་པ་ཤེས་རབ་འབྱུང་གནས།
རི་མོའི་འགྲེལ་པ་མཛད་པ་པོ།
འབྲི་གུང་ཡ་སྐྱབས་མགོན་ཕྲིན་ལས་ལྷུན་གྲུབ།

偈言作者：兼那·直貢林巴謝拉迴涅
壁畫注釋：直貢法王赤列倫珠

དཀར་ཆག

I

目　錄

འགོ་བརྗོད།

༄༅། །རྒྱ་གར་བྱང་ཕྱོགས་ལ་དགའ་ཕྱི་དབང་དགོན། སྣང་སྟོན་བཀྲ་ཤིས་ཚོང་གི་འདུ་
ཁང་རྟེན་པའི་གུང་ངོས་སུ། འབྲི་གུང་འཕྱོགས་པའི་རྣམ་ཐར་ཕྱོགས་བཅུ་དུས་གསུམ་མའི་
ཕྱིབས་བྲིས་སྒྲོན་མེད་ཅིག་བཞུགས་ཡོད་པ། དེ་ནི་ས་བབས་འབྲེལ་མཆོངས་ཀྱིས་དཔགས་ན།
དང་ཐོག་སྟུན་ལྟ་འབྲི་གུང་སྐྱེང་པའམ། ཤེས་རབ་འབྱུང་གནས་དེ་ཉིད་ལུ་ཆུང་ལོ་ཆར་གཙུག
ལག་ཁང་དུ་བཞུགས་སྐབས། དེའི་གུང་ངོས་ལ་སྐྱུ་བྲིས་སུ་བཏབ་པར་མཛད་པ་དེ། ཐད་ཀར་
ཕབ་བཤུས་བྱས་པར་སེམས། དེར་བརྟེན་བྲིས་ཚ་འདི་ནི་ད་ལྟ་མཐལ་ཕྱལ་དུ་གྱུར་པ་གཅིག་ལུ་
དེ་ཡིན། དེ་ནི་སྤྱན་ལྟ་འབྲི་གུང་སྐྱེང་པའམ། བྲིས་སྐུ་མཁན་པོ་བཞེངས་པའི་གྲས་ཤིག་སྟེ། དུས་
རབས་ ༡༢ པའི་འགོ་སྟོད་དུ་བྱུང་བའི་ཁུངས་ལྡན་པོད་ཀྱི་བྲིས་ཚ་རྙིང་ཤུལ་ཞིག་གུང་ཡིན
དཔར་འདི་དག་འབར་རྒྱལ་དགོན་མཆོག་བསྟན་འཛིན་ལ་དགའ་ཕྱི་དབང་དགོན་དུ་ཆེད
བསྐྱོད་ཀྱིས་པར་འདེབས་བྱས་ཤོག །ལོ་ངོ་ ༡༠༠ འབྲི་གུང་འཕྱོབ་འཇིག་རྟེན་གསུམ་མགོན་ཀྱི་
དགོངས་རྟོགས་དུས་ཆེན་དུན་གསོའི་སྐབས། ཡིག་ཚ་དང་བཅས་པར་བཀོད་སྒྲིགས་ཀྱིས་བོད་
ཡིག་ནང་པར་སྐྲུན་བྱས་སྐོང་། འདི་ཐེ་སྲུན་རྒྱལ་ཕྲིའི་འབྲི་གུང་བཀའ་བརྒྱུད་ནན་བསླན་ཁང་
ནས་པར་འདེབས་ཤོང་བས། ད་ལམ་རྒྱ་ཡིག་ནང་དཔར་སྐྲུན་བྱས་པ་འདི་ནི་ཐོག་མ་དེ་ཡིན
པས། འདིའི་ལས་ཞབས་སུ་གཏུགས་པ་ཆང་ས་འདི་ཕྱི་གཉིས་སུ་མཆོག་གསུམ་དགེ་བའི་རྒྱབས
སྟོན་ཞུ་མཆོག་པ་ཞེས།

རྒྱལ་བ་འབྲི་གུང་པའི་མཚན་གྱིས་ཕྲིན་གྱི་བཀྲབས་པ་དགོན་མཆོག་བསྟན་འཛིན་ཀུན་བཟང
ཕྲིན་ལས་ལྷུན་གྲུབ་ཀྱིས།

རབ་གནས་ཤུགས་སྦང་ལོ་ ༢༠༢༧ ཟིའི་ཟླ་ ༣ ཚེས་ ༡༥ བཟང་པོར། །།

法王序

　　位於印度北方拉達克的平陽寺（崗翁扎西曲宗）的古老紅殿裡，牆壁上畫有完整的直貢祖師——覺巴吉天頌恭《十方三世》傳記畫作。這壁畫應該是臨摹普蘭地區擴加佛堂裡的壁畫而來。而原有壁畫現已不完整也無從考究，所以這是覺巴吉天頌恭《十方三世》傳記目前唯一的壁畫，也是直貢林巴大師（兼那・謝拉迥涅）許多畫作的其中一幅。是12世紀初西藏珍貴的壁畫遺產之一。

　　這面壁畫曾經由直跋給・貢覺丹增特地前往拉達克平陽寺拍照記錄，於殊勝的直貢祖師——覺巴吉天頌恭800周年紀念日大法會時完成，並以藏文出版過二次。而此次首度以中、藏文出版並有所校訂。中文為弟子李星陸發心在西藏翻譯及弟子李正秋統一校對，交由中華國際直貢噶舉佛學會印刷出版。　祝福所有參與此次出版的工作人員，此生來世得三寶加持，福慧增長。

　　　　　受嘉旺直貢巴稱號加持者
　　　　　直貢法王昆秋滇津昆桑赤列倫珠藏曆鐵牛年

　　　　　2021年3月15日

4 F-3,NO.329,ZHONGXIAO EAST ROAD SECTION 4,
DA-AN DISTRICT,106 TAIPEI CITY,TAIWAN.　　D.K.INSTITUTE P.O.KULHAN SAHASTRADHARA
ROAD 248013 DEHRA DUN UK INDIA　　PHYANG MONASTERY,PHYANG,LEH,194101
LADAKH, J & K INDIA

ཚོམ་སྒྲིག་རྒྱུས་སྟོན་གྱི་གཏམ།

བོ་རྒྱས་བྱུང་ཚུལ།

༄༅། །སྟུན་ལྷ་འབྲོ་གུང་སྒྲིང་པ་དེ་ཞིང་དགུང་གནས་སུམ་ཅུ་སོ་གསུམ་པ་ ༡༢༡༢ ལོར། རེའི་རྒྱལ་པོ་གནས་ཅན་ཏེ་མེ་དང་མི་རིང་བའི་ས་ཕྱོགས། སྤུ་ཐུང་བོ་ཚར་ལྷ་ཁང་(སྒྲིད་རོང་རྫོ་བོའི་བཞུགས་གནས་)སུ་ཕེབས་བཞུགས་སྐབས། གང་གི་མཛད་བྱུང་དུ་<<ས་གས་རེ་རྣ་བ་ཚོས་བརྒྱུད།>> སྐར་མ་རྒྱལ་དུ་འརྫོམས་པའི་ཉིན་པར། མཛད་པ་ཐམས་ཅད་དུན་ནས་ཡིན་གདུང་བས་ཚོས་གུས་ཀྱི་མིག་རྒྱ་གང་བཞིན་དུ། རྒྱུ་བོ་གཏུའི་འགྲམ་དུ་ཕྱིན་ནས་ཡིན་ལ་བསམ་པ་དང་སྒྱུར། ཞེས་གསུངས་པའི་རྣམ་ཐབ་ཕྱོགས་བཅུ་དུས་གསུམ་མར་གྲགས་པ་དེ་ཐོག་མར་སྤུ་ཐུང་བོ་ཚར་གཙུག་ལ་ཁང་གི་གྱུང་དོས་སུ་རྐྱ་རིས་སུ་བཏབ་པར་མཛད་ནས་ཡོད་པ་ལ།

ཕྱིས་སུ་འབྲོ་གུང་ཁུལ་དུ་དེའི་ཕྲིས་ཐབ་ཡང་མང་རབ་ཅིག་དར། རྗེད་ནས་འབྲོ་གུང་སྒྲིང་པ་དེ་ཞིང་གྲུབ་ཐོབ་དཔལ་དང་ཕུ་བའི་བཞུགས་གནས་རྫོ་བྲག་མཁར་རྒྱའི་རེ་ཕྱོད། ས་ལེ་དཔལ་ཕྱུག་སངས་རྒྱས་སྒྲིང་དུ་གྲགས་པ་དེར་ཚོགས་བཅད་དུ་བསྒྱེབས་པར་མཛད་རྗེས། འབྲོ་གུང་གི་དགེ་འདུན་ཕལ་ཆེ་བའི་བློ་ལ་སྐྱར་རྒྱུ་ཡོད་པ་དེ་ཡིན།

導　言

　　1219年，兼那・直貢林巴謝拉迴涅33歲時，來
到白雪皚皚、巍峨崢嶸的岡底斯雪山不遠處，普蘭地
區擴加一座佛堂裡居住，此處供奉吉榮覺沃釋迦牟尼
佛像。直貢林巴大師在這篇傳記的跋文中這樣寫道：
「薩嘎月初八（佛誕日），在殊勝吉祥的日子裡，憶
念起祖師的各大事蹟，因難以抑制內心的恭敬之情，
不禁熱淚盈眶，哭成了淚人。」隨後，獨自一人來到
了恆河源頭，腦海浮現了傳記上的畫面，回到居住的
地方後，便動筆在牆上畫下直貢祖師—覺巴吉天頌恭
《十方三世》傳記壁畫。在直貢一帶曾因此壁畫興起
了唐卡式的畫風。

　　後來，直貢林巴大師來到大成就者涅普瓦的駐
地—山南卡曲名為薩麗白洞桑杰林的山洞時，以偈言
的方式寫成了全篇內容，現在幾乎所有直貢僧人都能
背誦此文。

དུས་རབས་ ༡༢ པའི་འགོ་སྟོང་དུ་དང་བའི་བོད་ཀྱི་ཕྱེབས་རིས་ཀྱི་
ཐྲིས་ཆའི་རྣམ་ཐར་ཕྱོགས་བཅུ་དུས་གསུམ་མ་ཐྲིས་ཐང་དག་དེང་བར་ཆ་
ཚང་བ་ནི་མཐལ་ཡུལ་དུ་མ་གྱུར་རུང་། འཕགས་ཡུལ་ལ་དགས་ཕྱི་དབང་སྐང་
ཕྱོན་བཀྲ་ཤིས་ཆོས་རྫོང་གི་འདུ་ཁང་རྙིང་པའི་གྱང་ངོས་སུ། དུས་རབས་བཅུ་
བཞི་པའི་མཇུག་ཆམ་དུ་ཐྲིས་པའི་ཕྱེབ་རིས་སྐྱོན་མེད་ཅིག་བཞུགས་ཡོད་པས།
དེ་ནི་ས་བབས་འཐྲེལ་མཆོངས་ཀྱིས་དཔགས་ན། དང་ཐོག་སྐྱུན་ལྷ་འཕྲེ་གུང་
ཁྲིང་པས་པུ་ཏུང་བོ་ཆར་གཙུག་ལག་ཁང་གི་སྐུ་ཐྲིས་སུ་མཛད་པ་དེ་རང་ཐང་
གར་པབ་ཤུས་བྱས་པར་སེམས། དེ་ནི་ཚོར་བུ་རིན་པོ་ཆེ་ལྷ་བུ་ཆེས་རིན་ཐང་
དང་བྲལ་བའི་བོད་ཀྱི་ཐྲིས་ཆ་རྙིང་ཤུལ་དུས་རབས་བཅུ་གཉིས་པའི་ཁྱུངས་
དང་ལྟུན་པ་ཞིག་ཡིན་ལ། དེ་ནི་སྤྱན་ལྷ་འཕྲེ་གུང་སྐྲིང་པས་ཐྲིས་སྐུ་མང་པོ་
བཞིངས་པའི་གས་ཀྱི་མཛད་རྗེས་ཤིག་ཀྱང་མཚོན་པ་ཡིན།།

ལ་དགས་ཕྱི་དབང་སྐང་སྟོན་བཀྲ་ཤིས་ཆོས་རྫོང་།   印度拉達克的平陽寺

　　雖然以13世紀初期藏地興盛的壁畫風格所畫成的《十方三世》完整唐卡現在已經不完整了，也無從考究。但令人歡喜的是，位於印度拉達克的平陽寺（崗翁扎西曲宗）這歷史悠久寺廟的古老佛堂牆上，發現這幅完整無缺的壁畫。該壁畫大概創作於14世紀末，是一幅畫風樸素莊嚴，惟妙惟肖的壁畫。

　　通過地理位置分析，可以斷定這幅壁畫是直接臨摹自直貢林巴大師當初畫在普蘭擴加佛堂牆上的壁畫。因此，這壁畫是一幅刻畫入微的絕筆古跡，其珍貴就同如意寶般。同時，也展現了直貢林巴大師一生善於丹青、精於寫作優秀作品中的冰山一角，以及他的不朽貢獻。

པུ་ཧྲང་ཁོ་ཆར་གཙུག་ལག་ཁང་།　普蘭擴加寺

ཚོམ་པ་པོ་འབྲི་གུང་སྐྱིང་པ།

རྣམ་ཐར་ཕྱོགས་བཏུ་དུས་གསུམ་མ་ཐོག་མར་མཛད་མཁན་ནི། འབྲིང་
གུང་ཤྩྐྱོབ་པ་འཇིག་རྟེན་མགོན་པོའི་ཉེ་གནས་སྤྲུན་ལྷ་རྣམ་གཉིས་ལས།
མཆོག་ཏུ་གྱུར་པ་གང་གི་ཚོས་མཛོད་བདག་གིར་བཞེས་མཁན་སྤྲུན་ལྷ་ཤེས་
རབ་འབྱུང་གནས་སམ། མཆོན་གཞན་ཡོངས་སུ་གྲགས་པ་སྤྲུན་ལྷ་འབྲི་གུང་
སྐྱིང་པ་ཞིབ་དེ་ཡིན། བོད་རབ་བྱུང་གསུམ་པའི་ཤིང་ལུག་ ༡༡༧༥ - ༡༢༥༥
ཤིང་ཡོས་བར་འཚོ་བཞུགས་མཛོད་ཅིང་། སྤྲུན་ལྷ་ཞེས་པ་ནི་དུས་རྒྱུས་ཤྩྐྱོབ་
པའི་སྤྲུན་ལྷ་ཏུ་འབལ་མེད་ཏུ་བཞུགས་པའི་ཉེ་གནས་ཡིན་པས་ན་དེ་ལྟར་
གྲགས།

སྤྲུན་ལྷ་འབྲི་གུང་སྐྱིང་པའི་གདུང་ནི། འབྲི་གུང་སྐྱུ་རའི་གདུང་ལས་
བྱེ་བྲག་ལོ་ཕྱོམ་ཟེར་བ་ལས་བརྒྱུད་ཅིང་། བོད་ཀྱི་ཡབ་ནི་རྗེ་མར་པའི་རྣམ་
འཕུལ་ཤྩྐྱོན་པ་སངས་རྒྱས་དཔལ་ཞིབ་དང་། ཡུམ་ནི་རིན་ཆེན་སྩྐྱོལ་མ་ཞིབ་
གཉིས་ཀ་ནུམས་ལེན་དང་ལྱུན་པའི་རྣལ་འབྱོར་པ་ཆེན་པོ་ཞིག་ཡིན། སྤྲུན་ལྷ་
འབྲི་གུང་སྐྱིང་པར་སྐུ་མཆེད་མེད་སྐྱིང་བདུན་ཡོང་པའི་ནང་ནས་བོང་རྒྱན་
ཤྩོས་དེ་ཡིན། བོང་ཆུང་དུས་ནས་ཡི་གེ་འབྲི་སྩྐྱོག་ལ་མཁས་ཤིང་། གླུ་ལེན་གར་
བྲབ་ལའང་མཁས་པ་ཞིག་ཡོང་། དགུང་ལོ་བཅུ་བདུན་ལ་ཕེབས་སྐབས་ཤྩྐྱོབ་
པའི་ཞལ་སྩྐྱོབ་དཔལ་ལྱུན་དང་ཕྱ་པ་ལས་རབ་ཏུ་བྱུང་སྟེ། དགུང་ལོ་ཉི་ཤུར་
དང་ཕྱ་བ་རྒྱ་གཤེགས་པའི་ཕྱི་ལོར་དབུས་སུ་བྱོན་ནས་འབྲི་གུང་ཤྩྐྱོབ་པའི

作者直貢林巴大師

　　覺巴吉天頌恭祖師傳記《十方三世》的作者是祖師近侍八大兼那之中最為優秀，秉持發揚祖師所有法脈的兼那・謝拉迥涅，又稱兼那・直貢林巴大師。他生於藏曆勝生周第三木羊年(1175)，圓寂於1255年。「兼那」指的是，當時在祖師身邊照顧其生活起居和內外瑣碎事物且值得信賴的近侍。

　　兼那・直貢林巴大師的姓氏是直貢居惹家族中的一支，名為「霧綽」。他的父親名為東巴・桑傑巴，相傳是瑪爾巴大師轉世再來，母親名為仁欽卓瑪。夫妻倆都是具有一定修證境界的瑜伽師。兼那・直貢林巴有7位同胞兄妹，他排行老大。大師幼年時精於讀誦書寫，能歌善舞，是一位多才多藝的傑出少年。17歲時，在覺巴吉天頌恭祖師的親傳弟子吉祥涅普瓦大師座前出家為僧。20歲時，涅普瓦大師安詳圓寂；第2年，大師便毅然決然來到衛藏，拜到祖師的蓮足之下，研習經論，參禪修行。因為其不可多得的出眾智慧與修行，在眾多弟子當中成為翹楚，做了祖師的近侍。

ཞབས་ལ་བཏུག ཤེས་རབ་ཀྱི་རྩལ་ཐོན་ནས་ཉེ་གནས་སུ་གྱུར།

༈སྒྲུབ་པས་ངས་འབྲི་གུང་འདི་ཁྱོད་ལ་ཅི་ནས་གཏོང་པ་ཡིན། ཞེས་
ཡང་ཡང་གསུང་སྟེ་གདན་སའི་ཕྱགས་རེ་གནང་ན་ཡང་གདན་སའི་ཁྱེར་ཉེ་མ་
བཞེས། ཞོན་ཀྱང་༈སྒྲུབ་པའི་ཚོས་མཛོད་མ་ལུས་པ་བདག་གིར་གཉེར་དུ་བཞེས་
པ་ལྟར་མཛོད་ནས་དུས་རྒྱུན་དུ་སྒྲུབ་པ་ཉམས་ལེན་དང་། བཀའ་ཚོགས། གཞན་ལ་
བཤད་ཁྲིད་ལོ་ནས་དུས་འདའ་བར་མཛོད། ཡོངས་སུ་གྲགས་པའི་འབྲི་གུང་གི་
དགོངས་གཅིག་ཞེས་པའི་གཞུང་ལུགས་ཀྱི་བསྟན་བཅོས་ཆེན་མོར་གྲགས་པ་དེ་
ཡི་གེར་བཏབ་པར་མཛོད། དེ་ནི་སྐབས་དེར་གནས་ཅན་སྤྱོངས་ཀྱི་གྲུབ་མཐའ་
ཁག་གི་བཞེན་པ་མི་མཐུན་པ་དག ཏྲི་བ་ཏྲི་ལན་གྱི་ཚུལ་དུ་༈སྒྲུབ་པའི་གསུང་
དོན་ཚན ༡༣༢ བྱུང་དང་ཡང་གསུང ༡༠༣ སོགས་དག་ཡི་གེར་བཏབ་ནས་
ཕྱོགས་སྒྲིག་མཛོད་དེ། ཕྱིས་སུ་དོན་རྣམ་གྲངས ༡༥༠ བསྒྲུབས་པར་མཛོད།

དེ་ནི་༈རྒྱལ་བའི་གསུང་དབང་པོར་བཞག་ནས། འགྲོ་མགོན་ཕག་
མོ་གྲུ་པའི་གསུང་རྒྱུན་དང་། དེ་བཞིན་གང་གི་ཐུགས་ཉམས་སུ་བཞེས་པའི་
ཚོས། ཡོངས་སུ་གྲགས་པ་དག་ཚོས་དགོངས་པ་གཅིག་པ་གཞུང་ཞེས་པ་དེ་
ལ། དཔལ་རྒྱལ་བ་ཀཪྨ་པ་མི་བསྐྱོད་རྡོ་རྗེས་དགས་པོ་བཀའ་བརྒྱུད་ཀྱི་གྲུབ་
མཐའ་ཆེན་མོ། ཞེས་མཆན་གསོལ་བར་མཛོད།

　　覺巴吉天頌恭祖師曾多次說：「我把直貢交給你（直貢林巴大師），希望你成為直貢法座持有者。」雖然他沒有接受，但全心全意秉持祖師的所有法脈，平時嚴加修習，著書立說，將祖師的法身慧命發揚光大。兼那‧直貢林巴大師還執筆寫作了老幼皆知的正法《一意》，是大師的傳世大作。書中大師以一問一答的形式，收錄了當時藏地各派百花齊放、百家爭鳴的探索宇宙和心智奧秘的各大理論，以及覺巴吉天頌恭祖師的教言。全書原為190偈金剛頌，後來進行了一次審定，歸攝在150偈裡，探討各家理論，光顯如來法門，立此文字，留給後人，代代相傳。

　　兼那‧直貢林巴大師的著作當中，最為著名的正法《一意》，可以說人手一冊，婦孺皆知，廣為流傳，是人人每天拜讀修學的一本書。書中主要以釋迦牟尼佛的教理作為理論依據，並以眾生怙主──帕摩竹巴上師的教言作為點綴，字裡行間加入了祖師的心髓要訣。第八世大寶法王米覺多傑（不動金剛）稱頌此書為「達波噶舉的教派大源流」。

སྒྱུན་སྟ་འབྲི་གུང་སྐྱིང་པས་མཛད་པའི་འབྲི་གུང་ལ་སྐྱོབ་པའི་རྣམ་ཐར་ནི་
མང་ཡང་། རྣམ་ཐར་རྒྱས་གོས་རྟ་རྗེ་རིན་པོ་ཆེ་འབར་བ། ཞེས་པ། སྒྱུན་སྟ་འབྲི་
གུང་ སྐྱིང་པས་འབྲི་གུང་ལ་སྐྱོབ་པ་རྒྱུ་དན་ལས་འདས་ནས་དགོངས་ཕྱོགས་ཀྱི་
མཚོད་འབུལ་རྣམས་ལེགས་པར་གྲུབ་རྗེས། བླ་རྗེས་མ་དེ་རང་གི་སྟུ་དྟོ་ཅིག་ལ་ཟེན་
བྱས་སུ་བཏབ་ནས། ཕྱི་དྟོ་འདུས་ཚོགས་སུ་བསྒྲགས་ནས་གཏན་ལ་ཕབ་ཅེས་བོང་
ཀྱི་རྒྱལ་རབས་ལོ་རྒྱས་ནང་དུའང་དྟོ་མཚར་བྱས་ནས་བགོད་པ་དེ་དང་།

རྣམ་ཐར་ཕྱོགས་བཅུ་དུས་གསུམ་མ། དེ་ཉིད་སྐྱོབ་པའི་རྣམ་ཐར་སྟུ་
གོས་སུ་ཡོད་ལ། སྒྱུན་སྟ་བ་རང་གིས་ཟིན་བྱས་མཛད་དེ་ཚོགས་སུ་གཏན་ལ་
དབབ་པས་ཚད་མར་འཛིན་ལོས་པར་རིགས་སོ།།

　　兼那・直貢林巴大師撰寫了多部直貢覺巴吉天頌恭祖師的傳記作品。其中，祖師生平事蹟記錄比較詳細完整的傳記是《金剛熾燃》。此書在藏地的一些史書中以不失神奇色彩的筆調記載：「這部傳記是在直貢覺巴仁波切示現圓寂，圓滿完成『滿願供養』大典後，一個月的某天早晨，（直貢林巴）大師匆匆寫完草稿，並於當天下午在僧眾之中高聲朗誦，審定而成。」

　　而這本《十方三世》是覺巴吉天頌恭祖師最早的傳記，由兼那・直貢林巴大師親自繪畫、記載，並且在僧眾大德的幫助下仔細審定而成，記載詳實，與史實較為相近。

རྣམ་ཐར་ཕྱོགས་བཅུ་དུས་གསུམ་འདི་ དབྱིབས་རིས་སྒྲིགས་སྟངས།

《十方三世》壁畫佈局的劃分

ཕྱི་ནུབ་ཡ
西南

བྱ་ངན་ལས་འདས་པའི་ཡིང་
涅槃

ཤར་བྱང་འབྲི་གུང་ཡ
東北方的直

ནུབ་བྱང་གནམ་མཚོའི་ལིང་ར
納木措湖

ལོངས་སྐུ་རྣམ་པར་སྣང་མཛད།
報身毗盧遮那佛

གཞལ་ཡས་ཁང་།
無量宮殿

འོག་ཆེན་ད་ལྟ་བའི་ཞིང་ཆ།
現在世

བོད་ཆེན་འོག་མིན་ཞིང་ཆ།
過去世

དར་ལྗ་སྒམ་པོའི་ཞིང་ཆ།
達拉岡波

དུབ་ཕུགས་དབྱེ་ཆུང་གི་ཞིང་ཆ།
耶瓊浦山洞

དབུས་གྱང་ཕག་མོ་གྲུའི་ཞིང་ཆ།
中央的前藏帕摩竹

སྐྱོབ་པ་འཇིག་རྟེན་མགོན།
覺巴吉天頌恭祖師

གབང་སྤྱི་ཝི་ཞིང་ཆ།
青唐拉

དར་ཕྱོགས་ཀྱི་ལུང་མོ་ཆེ་ད་དང་སྒྱི་ཕྱོགས་འདན་སྡོང་གི་ཞིང་ཆ།
東方的隆莫切   南方的丹都

རྣམ་ཐར་ཕྱོགས་བཅུ་དུས་གསུམ་འདི་
དབྱིབས་རིས་ཕྱོགས་སྟངས།

རྣམ་ཐར་ཕྱོགས་བཅུ་དུས་གསུམ་མ། དབྱིབས་ཀྱི་རི་མོའི་བཀོད་སྟངས་
ནི། དབུས་སུ་ཕྱིཀྲུབ་པ་འཇིག་རྟེན་གསུམ་མགོན་གྱི་སྐུ་མཐོང་གྲོལ་ཆེན་མོ་
ལ། མཐའ་སྐོར་དུ་རྣམ་ཐར་གྱི་མཛད་པའི་ཞིང་ཆེ་ཁག་བཅུ་གཉིས་སུ་བགོས་
ནས་བྲིས་ཤིང་། དེ་ཡང་སྟེང་རིས་འདིའི་དབུས་ཀྱི་ཁང་ཆེགས་ལྟ་བུ་དེ། ལྷངས་
སྐུ་རྣམ་པར་སྣང་མཛད་ཀྱི་བཀོད་པ་ཡིན་ལ།   སྟེང་གི་ཞིང་ཆེ་དེ་ནི་གཞལ་
ཡས་ཁང་གི་ཚུལ་དུ་འོ།།

དེ་ཡང་གཡོན་ངོས་ཀྱི་ཞིང་ཆེ་ནི་འོག་ནས་གྱེན་དུ་སྒྲུང་མོ་ཆེ་དང་།
འདན་སྟོད། ཐག་མོ་སྒ། དབྲེ་ཆུང་། དགས་ལྷ་སྣམ་པོ། འོག་མིན། གནས་མཆོའི་
དོ་དང་། ཐང་ལྷ་དང་བཙན་ཀྱིས་མཚོན་པ་ཡིན་ནོ།།

གཡས་ངོས་ཀྱི་ཞིང་ཆེ་འདི་ནི་འོག་ནས་གྱེན་དུ། ཐང་ལྷ་དང་། གནམ་
མཚོའི་དོ། འབྲི་གུང་། རྒྱ་ཨན་ལས་འདས་པ། ཨུ་རྒྱན་བཙས་ཀྱིས་མཚོན་པ་
ཡིན་ནོ།།

《十方三世》壁畫佈局的劃分

　　《十方三世》的內容豐富，涉及廣泛。位於壁畫最中央的為「見解脫」──覺巴吉天頌恭祖師的畫像，壁畫周圍的祖師事蹟是以12種圖像所構成，畫面清晰，躍然紙上，栩栩如生。壁畫中間，形似房室的是報身毗盧遮那佛的莊嚴形象；壁畫上面是無量宮殿；左側由下往上分別是，東方的隆莫切、南方的丹都、中央的衛藏帕摩竹、西方的耶瓊浦山洞、東南方的達拉岡波、過去世、現在世；右側由下往上分別是，北方的念青唐古拉山神、西北方的納木措湖、東北方的直貢、涅槃、西南方的鄔金。

རྣམ་ཐར་ཕྱོགས་བཅུ་དུས་གསུམ་འདིའི་
ཕྱོགས་བཅུའི་དབང་དུ་བགྱིས་ན།

༡། ཤར་ཕྱོགས་འབྲི་ཀླུང་།

༢། ལྷོ་ཕྱོགས་འདན་སྟོད།

༣། ནུབ་ཕྱོགས་དབྱེ་ཆུང་།

༤། བྱང་ཕྱོགས་ཐང་ལྷའི་སྐོར།

༥། ཤར་ལྷོ་དགས་པོ།

༦། ལྷོ་ནུབ་ཨོ་རྒྱན།

༧། ནུབ་བྱང་གནམ་མཚོའི་སྐོར།

༨། བྱང་ཤར་འབྲི་གུང་།

༩། དབུས་ཕྱག་མོ་གྲུ།

༡༠། སྟེང་ཕྱོགས་འོག་མིན་སྤྲུག་པོ་བཀོད་པའི་ཞིང་།

《十方三世》壁畫
從四方、四隅、上下十方（空間）的佈局

1. 東方的隆莫切
2. 南方的丹都
3. 西方的耶瓊浦山洞
4. 北方的念青唐古拉山神
5. 東南方的達拉岡波
6. 西南方的鄔金
7. 西北方的納木措湖
8. 東北方的直貢
9. 中央的衛藏帕摩竹
10. 密嚴清淨刹土

རྣམ་ཐར་ཕྱོགས་བཅུ་དུས་གསུམ་འདི་དུས་

གསུམ་གྱི་དབང་དུ་བྱས་ན།

སྟེང་མཚན་གྱི་ཞིང་ཆེ་ཆུང་དུ་གཉིས་ཀྱིས་འདས་པའི་དུས་མཚོན་པ་
ཡིན་ནོ། །གཡས་གཡོན་གྱི་ཞིང་ཆེ་བཞི་བཞི་བཅུད། དབུས་དང་དགུ །འོག་
མཚན་གྱི་ཞིང་ཆེ་གཉིས་དང་བཅས་༡༡འདིས་ད་ལྟའི་དུས་མཚོན་པ་ཡིན་
ནོ། །མ་འོངས་པའི་ཞིང་ཆེ་བཀོད་པ་ལོགས་ན་མེད། དེ་ལྟར་གཤམ་ལ་དཀར་
ཆག་གི་ཚོག་བཞི་པ་གཅིག་གིས་འཁྱིལ་བ་ཞིག་འོང་། འདི་ལ་གདན་ས་ཐེལ་
ཐག་བྱུ་དབུས་སུ་བྱས་ནས་འབྲི་ཆུལ་ཞིག་དང་། འབྲི་གུང་དབུས་སུ་བཞག་
ནས་འབྲི་ཆུལ་གཉིས་ཡོད་པ་ལས། འདིར་ནི་གདན་ས་ཐེལ་ཐག་མོ་གྲུ་པ་
དབུས་སུ་བཞག་པའོ། །

《十方三世》壁畫
從過去、現在、未來三時（時間）的佈局

　　壁畫上面的2個小圖，分別表示過去世；左右的8個圖和中央的圖，以及壁畫下方的2個圖，共11張圖，表示現在世。而壁畫中沒有畫入未來世的部分，對此，後面會有一個偈言來說明。覺巴吉天頌恭祖師的畫像一般有兩種畫法，一種是以帕竹丹薩梯寺為核心的畫法，另一種則是以直貢梯寺為中心的不同畫法。在這幅壁畫裡用了第一種畫法，也就是以帕竹丹薩梯寺為核心的畫法。

པར་ཐོགས་ཀླུང་མོ་ཆེའི་ཡིང་ཆེ།

東方的隆莫切

(2) སྤྱིའི་བུ་གཉིས།
兩位天子

(3) མི་ཆུང་གཉིས།
兩位小矮人

(4) ར་དཀར་པོ།
白色山羊

(5) དགུང་གྲངས་
དྲུག་ལ་ཕེབས་པ།
六歲的祖師

(6)ནམ་བཟའ་དཀར་པོ།
穿著白色法衣的祖師

(7) མེ་ཏོག
花雨

(8) མཆོད་རྟེན་དཀར་ཆུང་།
小白塔

༄༅། །འགྲོ་གཏུང་ལ་སྐྱོབ་པ་འཇིག་རྟེན་མགོན་པོའི་རྣམ་ཐར་ཕྱོགས་བཅུ་དུས་གསུམ་མའི་རི་མོའི་འགྲེལ་བཤད་བཞུགས་སོ།།

མཚོན་པ་དང་པོ།
ཤར་ཕྱོགས་སྐྱིད་མོ་ཆེའི་ཞིང་ཆོ།

ཅུ་ཚོག

ཤར་ཕྱོགས་ཚོས་གཏེར་དགའ་བའི་སྐྱོང་འགྱུར་དུ། །
�བོད་གསལ་དང་ལས་མ་ཆགས་ཞིང་ཁམས་གཟིགས།། །
རྒྱལ་སྲིད་དབང་བསྐྱུར་ལེགས་གསུང་མཚོག་སྟོལ་བ།། །
བྲམས་ཆེན་མགོན་པོའི་སྐུ་ལ་ཕྱག་འཚལ་ལོ།། །

རི་མོའི་འགྲེལ་བཤད།

ཤར་ཕྱོགས་ཞེས་པ་ཕག་གྲུ་གདན་ས་ཐེལ་གྱི་ཤར་ཕྱོགས་སུ། དེང་ཁམས་ནང་ ཆེན་ཡུལ་ཕུལ་ཚོང་གི་ཟྭ་ཆུའི་སྐྱུང་འགྱམ་ཁྱལ་གྱི་རྣམ་ཐར་ཞིང་ཆོ་སྟེ། དེ་ ཡང་སྒྲུན་སྲ་འགྲོ་གཏུང་སྐྱིང་པའི་རྣམ་ཐར་གྱི་འགྲེལ་པ་ལས། དེ་ལྟ་ བུའི་མཚོད་ པ་མཛོར་བསྒྱུར་པ་འདི་ནི། བདག་ས་མཐའི་རི་ཁྲོད་དུ་བསོད་སྙོམས་ལ་ཕྱིན་ པའི་ཚོ་རི་པོ་ཆེན་པོ་རྗེ་རྒྱལ་གྱི་ཞལ་དུ་འགྲོ་བའི་དུས་སུ་ས་གཱ་རིའི་ཟླ་པའི་ ཚེས་བཅུད་རྒྱལ་དུ་འཛོམ་པའི་ཉིན་མོར།

覺巴吉天頌恭祖師傳記
《十方三世》
壁畫之注釋

事蹟一
東方的隆莫切

偈　言

東方法藏歡喜河岸邊，
光明之中照見無貪剎，
掌理教政賜予善妙語，
大慈怙主身前我頂禮！

【圖文解說】

　　在兼那・直貢林巴撰寫的傳記注釋中這樣寫
道：「這篇傳記，是我在異地他鄉的寂靜地化緣乞食
時，來到了巍然屹立、高聳入雲的茲嘉山腳下。正值
薩嘎月初八（佛誕日），在這殊勝吉祥的日子裡，

མཛོད་པ་ཐམས་ཅད་དུན་ནས་ཡིད་གདུང་བའི་ཚོར་གུས་ཀྱི་ཤུགས་ཀྱིས་མིག་མཆི་མས་གང་བཞིན་དུ། གང་གནའི་འགྱམ་དུ་ཕྱིན་ནས་བསམ་པ་དང་སྦྱར་ནས་ཚོགས་སུ་བཅད་པ་དེ་བརྗོད་པ་འདི། རྒྱ་སྐྱོང་ཆེན་པོ་གང་གི་དལ་གྱིས་འབབ་པའི་རྒྱུ་རྒྱུན། སྐྱོང་བྱེ་མ་ག་ལ་བའི་ངོས། ཤིང་གི་སྟོང་པོའི་གྲིབ་མའི་དྲུང་དུ། ཁ་ཤར་ཕྱོགས་སུ་མཛོན་པར་ཕྱོགས་ཏེ་ཡན་ལག་ལྷ་ས་ལ་གཏུགས་ནས་ཡང་ནས་ཡང་དུ་ཕྱག་འཚལ་བ་ཡིན་ནོ།།

ཡང་དེ་ཉིད་ལས། ད་ལྷིང་ཚེ་རེ་རེ་བཞིན་བྱེ་བྲག་ཏུ་ཕྱེ་ནས་བཤད་ན། དང་པོ་འདུན་ན་བཞུགས་པ་ལྟ་སྟེ། སྤྱིར་བྱང་ཕྱོགས་ཁ་བ་ཅན་གྱི་རེ་རྒྱུད་འདིར། ཚོས་ཐོས་པ་དང་བསམ་པ་དང་སྒོམ་པ་རྣམ་པ་གསུམ་གྱི་རྒྱུད་སྦྱངས་པའི་རྟེན་གྱི་གང་ཟག་བསམ་གྱིས་མི་ཁྱབ་ཅིང་དཔག་ཏུ་མེད་པ་ཞིག་བྱུང་ཡང་། ཚོས་ལྟ་བ་དང་སྒོམ་པ་དང་སྤྱོད་པ་དང་གསུམ་གཅིག་ཏུ་ཐུམས་སུ་ལེན་ཚུལ་ཁྱོང་དུ་མ་ཆུད། ལྟ་བ་མཐོ་བའི་དབུ་མ་ཆེན་པོའམ། ཕྱག་རྒྱ་ཆེན་པོའམ་རྫོགས་པ་ཆེན་པོ་ལྟ་བའི་མཐར་ཐུག་པ་རྣམས་ཡོད་ཀྱང་། ལྟ་བ་ཐོགས་པ་དང་མ་ལྟན་ཞིང་མཐོན་པོའི་འཛིན་སྟངས་དང་མ་བྲལ་བས་སུ་སྟེགས་བྱེད་བདག་ཏུ་ལྟ་བ་དང་ཁྱད་མ་བྱུང་། འགའ་ཞིག་ཚུལ་ཁྲིམས་རིན་པོ་ཆེ་མིག་གི་འཕྲས་བུ་བཞིན་དུ་བསྲུང་ཞིང་ཁ་ན་མ་ཐོ་བ་ཕྲ་མོ་ཙམ་ལ་ཡང་པང་དུ་སྦལ་ཞུགས་པའམ། མགོ་ལ་མེ་ཤོར་བ་ལྟར་སྤོང་བའི་སྤྱོད་པ་རྣམ་པར་དག་པ་རྣམས་ཀྱང་ཚོགས་པ་དང་མ་ལྟན་པས་ལྟ་བ་མེད་པས་འཁོར་བ་ལས་འདའ་བར་མ་ནུས།

心中湧現祖師的各種大事蹟，內心升起恭敬之情，不禁潸然淚下。隨後，獨自一人來到恆河邊，將心中所思所想立即以偈言的形式寫下來。並在那蜿蜒流淌的恆河金沙河灘上、樹蔭婆娑的大樹下，面向東方，匍匐跪地，虔誠禮拜，殷殷祈請。」

又寫道：「在此一一解說每張圖的內容，首先要知道祖師是住在丹都。在印度北方，被重巒疊嶂、皚皚雪山緊緊圍繞的這片土地上，雖然有許許多多以聞思修行的修行人，但卻沒有去體會修行圓融及修行道理者；雖有大中觀、大手印或大圓滿的究竟見解，但卻沒有深得心要，不見法性、好高騖遠，與外道的『我見』不分涇渭。也有一些修行人，雖然對戒律如意寶護如眼目，但每當產生細微罪過時，就像毒蛇鑽入懷抱或撲滅頭髮上燃起的火星般急於斷捨，遠離惡業，讓行為上沒有一絲絲的垢染。但他們離明心見性的正果卻有十萬八千里之遠，不見實相，墮入一邊，因此未能脫離輪迴苦海。

ཁ་ཅིག་སེམས་མཐོན་པར་རྟོགས་པ་ཕྱོགས་གཅིག་དང་ལྷུན་གྱིང་མཐའ་བྲལ་
གྱི་ལྟ་བ། མཐའ་བྲལ་གྱི་སྤྱོད་པས་བསྐུལ་པའི་ཆུལ་ཁྲིམས་རིན་པོ་ཆེ་ཉམས་སུ་
ལེན་མ་ཤེས་ནས། བོ་ཚོ་དང་ཡ་ཚ་མ་ཚའི་སྤྱོད་པས་ཡོན་ཏན་གོང་མ་རྒྱུད་ལ་
མ་སྐྱེས། རྒྱུ་འབྲས་ཀྱི་ཆུལ་ལུགས་མི་འདོར་བས་ཤིན་ཏུ་རྣམ་པར་དག་པའི་ས་
མ་ཐོབ། བརྩོན་འགྲུས་ཆེན་པོས་ཉམས་སུ་ལེན་པའི་ཆུལ་ལུགས་ལ་བརྩོན་པ་
རྣམས་ཀྱང་སྤྱོར་དངོས་རྗེས་གསུམ་གྱི་མན་ངག་རྣམས་ཀྱང་བག་ཆམ་དུ་གོང་
ནས་མི་འདོད་པའི་བྲོ་གཅོང་མ་གཏོགས་པ་འདོད་པའི་དངོས་གྲུབ་ལྟ་གཅིག་
ཀྱང་མ་རྙེད། ཁ་ཅིག་མཐར་འཛིན་གྱི་ལྟ་བ་མཆོག་ཏུ་བྱས་པས་སྤྱོད་པ་རྣམ་
པར་མ་དག་ནས་ངན་འགྲོའི་སྐྱེ་གནས་འཇིགས་སུ་རུང་བ་རྣམས་སུ་ཕྱུག་
བསྐྱལ་མི་བཟད་པ་ཉམས་སུ་མྱོང་སྟེ། ཕྱིན་འཛིག་རྟེན་གསུམ་གྱི་བླ་མ་དེ་ཉིད་
ཀྱིས་སངས་རྒྱས་མཆང་པོ་ལ་དགེ་བའི་རྩ་བ་བསྐྱེད་ནས་འབྲས་བུ་སྨིན་པ་ལ་
མཆོན་པ་ལྟར། ཉིད་ཀྱི་རྒྱུན་དང་ཕྱད་ན་ཚོ་འདི་ཉིད་ཀྱིས་ཀྱང་རྟོ་རྗེ་འཛིན་
པ་ཆེན་པོ་སའི་རིམ་པ་ཐོབ་པར་འགྱུར་ལ་མ་ཐུད་ན་ཡུན་རིང་པོར་འཁོར་
བར་འཁྱམས་པར་གཟིགས་ནས། སྤྱིར་འགྲོ་བ་ཐམས་ཆད་རྗེས་སུ་བཟུང་བ་
དང་ཁྱད་པར་དུ་ཡང་སྐལ་བ་དང་ལྷུན་པའི་གང་ཟག་གིས་ཁོང་རང་ཉིད་ཀྱི་
གདམས་ངག་ཕྱིན་ཅི་མ་ལོག་པ་ཉམས་སུ་བླངས་ན། ཚོ་འདི་ཉིད་ཀྱིས་རྟོ་རྗེ་
འཆང་ཆེན་པོའི་ས་ཡི་རིམ་པ་ཐོབ་པར་འགྱུར་བ་དེ་སྒྲུབ་པའི་རིམ་པ་འདི་
ལྟར་ཤེས་ཤིང་རྟོགས་པར་བྱ་བའི་ཕྱིར་བཅོམ་ལྡན་འདས་རྟོ་རྗེ་སེམས་དཔའ་
དེ་ཉིད་མིའི་ཡུལ་དུ་འབྱུངས་སོ།།

又如，有些人雖然證得了幾分心的實相，但不知道以離戲的見解和行為如實修持戒律，見解落入網縠，行為荒誕不經，所以沒能有更上一層樓的功德，也捨不了善惡黑白的執著，背離了獲得清淨功德的道路；一些人雖然精進努力，如理實修，但他們的前行、正行和結行[1]流於世俗、落入俗套而無法得到一點悉地功德，反之產生了很多意想不到的疾病；更有甚者，心中深藏著執見不放，行為顛倒，是非不分，在惡趣道中感受著可怕的業果。過去，覺巴吉天頌恭祖師在無量無邊的如來座前，恭敬供養承侍，發願普度眾生，種下萬千福德善根，成熟善妙果實。如能與祖師結上善緣者，即生就可獲得大金剛總持的悉地功德；如不能與祖師結上善緣者，則將要繼續流轉輪迴，感受苦痛。因此，為了利益眾生，攝受有情，尤其是為了使有緣眾生獲得解脫，所以賜予真正無誤教言讓他們實地修持，直登彼岸，進而獲得金剛總持的果位。並且，為了讓有緣眾生明瞭修行次第，於是化身為金剛薩埵乘願再來。」

---

1 前行：菩提心。正行：正法本。結行：迴向。

ཡང་དེ་ཉིད་ལས། རྐྱུ་མི་ཡུལ་དུ་འབྱུངས་ནས་རྐྱུང་རྐྱུ་འབྱུངས་པའི་གནས་ནི་གང་ཡིན། རིགས་ནི་གང་ཡིན། མཚོད་པའི་རྣམ་པར་ཐར་པ་ནི་ཅི་ལྟ་བུ་སྙམ་ན། དེ་རྣམས་མ་ལུས་པར་བརྗོད་པར་མི་ནུས་ཏེ་འདིར་ཕྱོགས་ཙམ་ཞིག་ལ་སྤྲོབས་པར་བྱ་ན། རྐྱུ་འབྱུངས་པའི་གནས་ནི་སྙེར་མཐའ་རིས་པོད་ཀྱི་རྒྱལ་ཁམས། ཁྱུང་པར་མདོ་ཁམས་ཀྱི་སྐུང་འབྲི་སྐྱུང་དགས་པ་ཚོས་ཕྱུག་ ཕྱོན་གྱི་རྒྱལ་བློན་དགས་པ་ཚོས་ཀྱི་ཕྱུག་པའི་མཚོད་པ་རྣབས་པོ་ཆེ་སྐྱོང་བའི་གནས། དགོན་མཆོག་རིན་པོ་ཆེ་རྣམ་པ་གསུམ་བཞུགས་པའི་པོ་ཐྲང་། རྐྱེས་བུ་ཡ་རབས་གོང་མ་རྣམས་ཀྱི་གང་བར་གྱུར་པའི་ས། ཆར་སྟོང་གཡོན་ལྱུང་གི་གྲོང་ཁྱེར་ཚུ་དུ་ཞེས་གྲགས་པ་དེར་རྐྱུ་འབྱུངས་སོ། རིགས་ནི་པོད་མིའུ་གདུང་དུག[1]ལས་དེ་ཐམས་ཅད་ཀྱི་ནང་ནས་མཆོག་ཏུ་གྱུར་པ་ཐམ་ཟེའི་རིགས་ཁོང་ས་ལ་ཆེན་པོ་ལྷ་བུ་འགྲོ་རྒྱལ་སྐྲ་རའི་རིགས་སུ་བསྐྲུམས།

དུས་རབས་དཔའི་གོང་དུ་ཨ་ཀྱེས་ཆུལ་རྒྱལ་ཞེས་བྱ་བ་དེའི་ཆུང་མ་ཡེ་ཤེས་ཀྱི་མཁའ་འགྲོ་མར་སྙང་བ་དེ་བག་མར་ལྡངས་པའི་ནུབ་མོ་སྐྲ་པོ་པ་ལ་གཟེ་རྒྱ་མིག་བཅུ་གཉིས་པ་ཞིག་བྱིན་ནས་ཁྱོད་འདོད་པ་ཡིན། ང་ལ་བུ་བཞི་འབྱུང་བས་སངས་རྒྱས་ཀྱི་བསྟན་པ་ལ་བྱ་བ་བྱེད་བ་ཟེར། བག་ཟན་ཤ་གཟུགས་ཤིག་དངས་པ་ལ་སྐྲམ་ཕུག་ནས་ཀ་པྲ་ལ་ཞིག་ཕྱུང་ནས་ལྷ་ཆིག་དེར་བཅུག་ནས་གཏོར་མར་བཏང་། ཕོད་ཇ་ཞིག་ཀྱང་ཕྱུང་ནས་དགྲོལ།

────────────

1　པོད་མིའུ་གདུང་དྲུག་ལས་མཆེད། དེ་ཡང་མིའུ་གདུང་དྲུག་ནི་ སེ་དང་། རྨུ། སྟོང་མི་འབག་སྟོང་སྟེ་དྲས་ཆེན་བཞིའི་སྟེང་དུ་ དྭ་དང་། འབྲུ་གཉིས་བསྣན་ལས་དྲུང་དྲུག་ལ་ཟེར།

　　又提到「如果有人問：『既然覺巴吉天頌恭祖師是以這種方式來到了人間，那麼祖師的降生地是哪裡？姓甚名誰？又有哪些功德事蹟？』雖然（祖師的功德事蹟，無量無邊）我沒有辦法在此一一詳細介紹，但斗膽地略筆談談。祖師的降生地，在佛教百川的源頭活水；過去明君賢臣以佛法治國，以正法安邦的聖地；虔誠供奉三寶至尊的殿堂；充滿人傑義士、高僧大德的福地；雪域藏地匝都雍壟城名為『澤額』的地方。祖師屬於居惹氏族，姓「竹嘉居惹」，是藏地六大姓氏[2]之中「竹」氏的王族分支，猶如植物之王娑羅樹一般非常的高貴。」

　　8世紀之前，覺巴吉天頌恭祖師的曾祖父，名為阿美・楚成嘉措。他迎娶了一位美麗的新娘，她是一位智慧空行母[3]的轉世。迎娶當天的晚上，夢見她一邊奉上一顆12眼天珠，一邊說道：「我是尋你而來的，我將為你誕下4個兒子，他們都會成為秉持如來家業的高僧大德。」同時拿了一大塊肉，又從懷裡取出一個顱器，切下一塊肉放在裡面作為食子[4]，供養空行勇士[5]和護法伽藍。然後，取出一個以顱骨做成的法鼓，翩翩搖動了起來。

2　西藏後裔的六大姓氏：色ྊེ、穆ꍳ、董米娘ﷻﻷ﷼ﺨﻼﺨ、東ﻬﺈﻼ、札ﹴﻷﻼ和竹ﻵﺈ。
3　空行母：在藏傳佛教的密宗中，空行母是代表智慧與慈悲的女神。
4　食子：也稱多瑪，藏傳佛教中，以糌粑或熟麥粉與酥油作成，用以供養佛、菩薩、本尊或諸神的供品。
5　空行勇士：指勇父與勇母等空行眷屬。男性之空行稱為勇父，女性之空行則稱為勇母。

ལྕུ་ཅིག་བག་གཡོག་གཅིག་ཡོད་པ་དེ་ལ་ཕྱིན། ལྕུ་ཅིག་མོ་རང་གིས་རྩོས། གཞན་ལ་དངོས་གྲུབ་སྟེར་ནུས་པ་བྱ་དང་ཚོ་བོ་ཉེ་དུ་འབྲེལ་བ་ཐམས་ཅད་ཀྱང་གཞན་དང་མ་མཐུན་པར་བྲོས་ན་ཨ་ཁྱི་སྣ་ནས་བཟར་དབང་ཕྱུག་ཚོས་ཀྱི་སློན་མ་ཞེས་བོས་པ་ཚམ་གྱིས་ཀྱང་དག་ཐམས་ཅད་ཁ་ཕྱུང་ལ་འགྲོ་བ་ཞིག་བྱུང་ངོ་།།

ཡང་དེ་ཉིད་ལས། དེ་ལ་བུ་བཞི་བྱུང་བ་ལས་ཆེ་ཤོས་ནས་མཁའ་དབང་ཕྱུག་བྱ་བ་ལ་ཚོས་ཀྱི་ཀྲུང་པ་བྱུང་། དེ་ལ་པེ་ཀ་དབང་རྒྱལ་བྱ་བ་བྱུང་། དེ་ཡང་པེ་ཀ་དབང་རྒྱལ་བྱ་བ་རྗིང་མའི་སློར་སློོལ་གྱི་ཉམས་ལེན་གཙོ་ཆེར་བྱེད་པ་དཔལ་མགོན་པོ་དང་། དཔལ་ལྡན་ལྕུ་མོ་རྣམས་ལ་མཐུ་ཕུལ་དུ་ཐོན་པ་ཞིག་བྱུང་ངོ་།།

སྐྱུ་ར་དགེ་བཟང་བུ་བའི་ཕྱུགས་མ་རྣམས་ཟག་པས་དེད་པས་ར་མདའ་ལ་ཕྱིན་པ་ལ་ཐག་དཔོན་དེ་ན་རེ། པེ་ཀ་དབང་རྒྱལ་ཁྱེད་མཐུ་ཆེ་བ་ཡིན་ཟེར། ངའི་སློིན་མཚམས་སུ་མདའི་ཟུར་གསུམ་པས་ཕོག་ནས་ལོ་མ་འགྱུར་བར་འཆི་བར་གྱིས། ངས་ཁྱེད་ལ་ཕྱུགས་མ་མི་སྟེར་ཟེར། ཟུར་གསུམ་པ་ཡང་ཆ་མེད་དེ་སློིན་མཚམས་སུ་ཕོག་ནས་འཆི་བ་ཞིག་བྱ་ཡི་བྱས་ནས་ལོག་ནས་ཕྱིན།

又切下一塊肉給了侍從，一塊她自己津津有味地吃了
起來。後來，她的後代子孫都成了可以賜予別人悉地
功德的了不起修行人。她也是一位非常嚴厲且強壯的
婦女，與人發生爭執時，絕對是巾幗不讓鬚眉，她技
壓群雄，戰無不勝，所向披靡，有著萬夫莫敵之勇。
別人就連她的名字「阿企納囊薩氏旺丘曲吉卓瑪」（
自在明燈）也不敢直呼。

在4個兒子當中，老大名為南卡汪秀（虛空自
在），繼承了法脈教言。另一位兒子，名為貝噶旺
嘉，是一位著重修持寧瑪派教法的修行人，對吉祥瑪
哈嘎拉護法和吉祥天女護法母有著厚實基礎的修持，
具廣大神通和無邊法力。有一次，一批橫行霸道的強
盜趕走了居惹格桑的牲畜。貝噶旺嘉聽到消息，不由
分說立即追趕強盜，要回所有牲畜。強盜首領用蔑視
的口吻對他說：「你叫貝噶旺嘉，聽說你的猛咒非常
厲害，可我偏不相信。

如果你在一年內能因念誦猛咒，讓一支三角形
的箭射中我眉間，將我殺死，我就把牲畜全數還給
你。」貝噶旺嘉聽完不屑一顧，說道：「我一定會讓
你眉間中箭，命絕身亡，但不一定是一支三角形的
箭。」說完徑直走了回去。

དེར་ལོ་མ་འགྱུར་བར་ཁོའི་སྙིན་མཚམས་སུ་མདའ་ལ་ཐོག་མདེལ་མ་བཏུགས་
པ་ཞིག་ཕོག་ནས་ཤི། དེར་པེ་ཀ་དབང་རྒྱལ་གྱི་མཐུ་ཡིན་པར་ཤེས་ནས་ཕྱུགས་
མ་རྣམས་ཀྱང་གཏད། འགྱོད་པ་ཆེན་པོ་ཡང་བྱས་སོ།།

པེ་ཀ་དབང་རྒྱལ་ལ་ཡང་སྲས་བཞི་བྱུང་བ་ལ། སྲས་ཆེ་བ་དེ་རིན་པོ་
ཆེའི་ཕུ་པོ་དགོན་མཆོག་སྤྲིའི་བདག་པོ་མཛད་ཅིང་། ཕྱགས་པ་ལྷ་བཀྲ་རེའི་
དཔོན་པོ་མཛད་པ་མཚན་ཡང་མཁན་པོ་དར་མ་ཞེས་བྱ་བ་དེ་ཡིན་ནོ། །སྲས་
ཆུང་ཁོས་སུ་གྱུར་པ་རྗེའི་ཡབ་ཡིན་ནོ།།

རྗེ་རིན་པོ་ཆེའི་ཡབ་དེ་ཡང་ཤིན་ཏུ་བཅུན་པ། གདོང་པ་ཆེ་བ་ཞེ་ཤ
ཆེ་བ་མཛོན་པ་དང་བ་རོལ་དུ་ཕྱིན་པ་དང་གསང་ཕྱགས་ལ་སོགས་པའི་རྒྱུད་
དཔག་ཏུ་མེད་པ་མཐེན་པ། བཙམ་ལྷན་འདས་དོ་རྗེ་འཛིགས་བྱེད་ཀྱི་རྣལ་
འབྱོར་པ་ཡབ་དོ་རྗེ་ཞེས་བྱ་བ་ཡིན་ནོ། །མཛོད་པ་ནི་བྱང་རྒྱབ་ཀྱི་སེམས་རྣམ་
པ་གཉིས་ཡིན་ནོ། །མཛོད་པ་དེ་དག་རེ་རེས་ཀྱང་སེམས་ཅན་ཐམས་ཅད་བདེ་
བ་དང་ལྡན་པར་བྱེད། ཕྱག་བཙལ་དང་བྲལ་བར་བྱེད། བླ་ན་མེད་པའི་བྱང་
ཆུབ་ཐོབ་པར་བྱེད་པ་ཡིན་ནོ།།

པ་སྐྱོབ་པའི་ཡུམ་དེ་ནི་ནང་དུ་ཚོས་ལ་དགའ་བ། ཕྱི་རོལ་པས་ནི་ཕྲིག་
པ་སྤྱོད་པ་ཚམ་ལས་མི་མཐོང་བའི་ཚུལ་མཛད་དེ། ཁྱིམ་མཚེས་ཀྱི་བུད་མེད་
བུ་དང་བྲལ་ཞིང་རྒྱ་རན་གྱིས་གདུང་པ་ལ། བྱེད་རང་བུ་ཡོད་ལ་མ་བྱེད་དང་།
ཕྱག་བསྒྱལ་མི་སྐྱེ་བ་ཡིན་ཟེར་བས།

沒等到一年，那強盜首領的眉間果然被一支帶火藥的響箭射中，當場死去。小嘍囉們知道這是貝噶旺嘉念誦猛咒的威力，悔不當初，於是把牲畜全數還給了他。

貝噶旺嘉有4個兒子，老大名為堪布達瑪，繼承法脈，成為一代宗師，足下有五百多位瑜伽師，研習經續，閉關修行。而最小的兒子就是祖師的生父，名為那覺巴多傑（金剛瑜伽士）。多傑生得天庭飽滿，五官端正，身強力壯，性格耿直剛強，並且精通《俱舍》、《般若》和密宗的各大經論續部，是一位著重修行大威德金剛的傑出修行人，以（行、願）二菩提心利益了無數眾生。他的舉手投足之間都能使眾生獲得所有安樂，遠離一切痛苦，得無上圓滿的菩提佛果。

祖師的生母，名為惹系薩尊瑪，是一位行為乖張、離經叛道、高深莫測、秘密行持的瑜伽母。雖然內心不離佛法的修證，但外在言行上造作惡業，刁蠻無章，很難看出她是一位內心具備很多功德的婦人。有一次，鄰居家的媳婦痛失愛子，悲痛萬分，嚎啕大

ཡུམ་གྱི་ཡིད་ལ་མི་བྱེད་པ་དེ་ལས་ལྷག་པ་ནི་རྗེ་ཕག་མོ་གྲུ་པའི་ཞབས་དྲུང་དུ་ཡང་མ་བྱུང་གསུངས། སྐྱེས་པའི་རྣལ་འབྱོར་མ་ཡུམ་ར་སྐྱེ་བཙུན་མ་ཞེས་བྱ་བ་ཡིན་ནོ། །ཡུམ་དེ་ཉིད་ཀྱི་ལྷུམས་སུ་ཕོག་མར་འཇིག་རྟེན་མགོན་པོ་ཀླུ་མ་རིན་པོ་ཆེ་བཞུགས་པའི་དུས་སུ་བདེ་བ་དང་སྐྱིད་པའི་དཔལ་ཕུན་སུམ་ཚོགས་པ་དང་། བཀྲ་ཤིས་པའི་ལྟས་དུ་མ་བྱུང་ཞིང་ཕྱིན་ཅི་ལོག་གི་རྟོག་པ་ཐམས་ཅད་འཚོམས་པར་བྱེད། རྗེ་བཙུན་གསང་བའི་བདག་པོའི་ཏོ་པོ་རྗེ་མཆུ་ཞེས་བྱ་བའི་པོ་དེ་དཀར་པོ་དཀར་ཤིང་དེ་བ་ཞིག་གི་རྣམ་པར་བྱོན་ནས་ལྷུམས་སུ་ཞུགས་པ་ཞིག་རྨིས། དེ་ཕྱིན་ཆད་ནས་ཡུམ་ལུས་བདེ་ཞིང་ཡང་བ་དང་སྤྲ་ཤས་སུ་མ་སྐྱོང་བའི་ཉིང་དེ་འཛོན་གྱི་བདེ་བ་ཐམས་སུ་སྐྱོང་ཞེས་ཡུམ་ཉིད་ཀྱིས་གསུངས། དེ་མཚོན་པར་བྱེད་པ་(1)ཏོ་རྗེ་མཆུ་བྱུང་དང་བཅས་པ་ཡིན་ནོ། །

(1)ཁྱུང་དཀར།
大鵬金翅鳥

རྗེ་དེ་ཉིད་རབ་བྱུང་གཉིས་པའི་ཆུ་མོ་ཕག་གི་ལོ་སྤྱི་ལོ་ 1143 ལོར་ཏོ་མཚར་བའི་ལྷས་དུ་མ་དང་བཅས་སྐུ་བལྟམས། འཁྲུངས་དུས་སྐུ་མདོག་དཀར་པོ་ཡིན་པ་དང་། ཚོས་སྐྱོང་དང་གཙོད་ཕྱིན་མང་པོས་བསྐོར་བར་བྱེད

哭。祖師的生母見狀便對她說：「你不要對兒子念念
不忘，這樣只會雪上加霜，痛上加痛。」她聽後依此
而行，漸漸從喪子的痛苦中走了出來。

後來，她對別人說，瑜伽母「心不作意」的教
言，真是功德無量，我在帕摩竹巴上師座前也沒有聽
過如此功效顯著、立竿見影的教言心法。當惹系薩尊
瑪懷上祖師時，她的內心一直處在平和安詳之中，沒
有任何顛倒分別之念，亦沒有任何不羔，祥瑞紛呈，
吉兆連連。而且夢見密主金剛的本體，化成潔白無
瑕、熠熠發光的《金剛喙》經函，入於胎中。從此之
後，惹系薩尊瑪變得溫柔可愛，身輕如羽，感受到過
去從未有的禪定安樂。關於這一點，她也曾對別人提
及。為了記載這個神奇的故事，在壁畫裡也畫上了具
有「金剛喙」的鳥中之王大鵬金翅鳥（圖標1）。

藏曆第二勝生周水豬年（1143），覺巴吉天頌
恭祖師伴隨著各種吉祥的徵兆，降生在人間。祖師誕
生時，身體光亮潔白，並且有很多護法相擁前來，護
其左右，免遭傷害。

པ་དེ་མཚོན་བྱེད་དུ་དབུ་མཐོངས་སྟེང་དུ་གཡས་གཡོན་གཉིས་ཀྱི་སྟེན་གསེབ་
ནས་ལྷུ་གཉིས༼༢༽ ནས་མཁར་སྟེང་ནས་མེ་ཏོག་གི་ཆར་འབབ་པར་བྱེད་
པ་དང་། དེ་འོག་གི་མི་ཆུང་གཉིས་ཡིན་པའི་ཚུལ་དུ་གནས་པ་དེ་གཉིས་ ༼༣༽
ཚེས་སྐྱོང་དང་གཟོད་སྟིན་དག་གི་སྒྲུང་སྐྱོབ་བྱ་ར་བྱེད་པའི་ཚུལ་དུའོ།།

དགུང་གྲངས་དྲུག་ལ་ཕེབས་སྐབས་ཡིག་སློག་མཁས་པར་གྱུར་ཅིང་།
ཉིན་གཅིག་འཇམ་དཔལ་མཚོན་བརྗོད་ཚར་གཅིག་གཟིགས་པར། ཡབ་ཀྱིས་
དགོང་མོ་འདོན་དང་ཞུས་པར་ཕྱགས་ལ་ཕལ་ཆེར་བྱུང་བར་ཚང་མ་ད་ལས།
དེ་དུས་གྱོང་དུ་ཚེས་སློག་པར་ཕེབས་ཏེ།

ཐེངས་ཤིག་སློག་ཡོན་དུ་ར་ཞིག་འཕུལ་བར་དེས་འདུད་པར་སྐྲགས་
མ་སྟེད་པར་ཞབས་མཐིལ་རོ་ལ་བཀར་ནས་ཞབས་རྗེས་བྱུང་བར། ཞབས་རྗེས་
ར་དྲུད་མ་ཞིས་ཀྱང་གྲགས་ལ་དེ་མཚོན་བྱེད་དུ་སྐྱ་མདུན་འོག་གི་ར་དཀར་
པོ༼༤༽དེས་མཚོན་ལ་ཞབས་རྗེས་[2]དེ་ཁམས་སྣ་སྟོང་ལྷ་སྒྲུབ་འི་རྒྱགས་ཆུའི་ཉེ་
འགྲམ་དུ་ཡོད་པ་ལ་ད་ཆ་སློ་མེ་གཡེལ་དགོན་དུ་གདན་ཞུས་ཡོད་པ་ཐོས།

རྗེ་དེ་ཉིད་སྐུ་ན་ཆུང་དུས་ནས་སྟིང་བཅེའི་གནན་དབང་དུ་གྱུར་ཏེ།
སྦྱང་རྒྱན་ཞར་བ་ཞིག་ཡོད་པར། རང་གིས་གསོལ་མ་ནུས་པའི་བྱ་རམ་དེ་ཁོའི་
ཁའི་ནང་དུ་བཅུག་ནས་སྟེར་བ་དང་།

2 ཁམས་སྣ་སྟོང་ལྷ་སྒྲུབ་འི་ཉེ་ཁྲིད་དུ། རྒྱ་འགྲམ་པ་བོང་ཞིག་གི་སྟེང་དུ་གསལ།

為了載明這一點，壁畫上左右兩邊的天空中，分別畫有兩位天子（圖標2）駕馭祥雲，飄散著天花和甘霖；其下（在房頂上）蹲坐著的兩位小矮人（圖標3），是前來護佑祖師的護法。

覺巴吉天頌恭祖師6歲時，精於閱讀，目即成誦。一天，在拜讀完《文殊真實名經》一遍後，當晚父親讓他再讀一次，出乎父親的意料，祖師竟可以倒背如流，所有人為之驚歎不已。這時的祖師還會去為人念經來減輕家計。

一次，有人供養他一隻白色山羊，當祖師要牽走時，不料羊卻企圖掙脫，於是祖師用腳踏在一塊大石頭上，猛拉繩子。就在羊與他較勁兒之時，祖師竟然把腳印留在那塊石頭上，後來被稱為「羊拖腳印」。壁畫上祖師的畫像下面就有那隻白色的山羊（圖標4）。那個腳印留在康巴噶朵的拉紮江邊[6]，據說現在被迎請到美耶洞收藏供奉，香火旺盛。

覺巴吉天頌恭祖師年幼時，便具足悲天憫人之心。比如，祖師常常把自己捨不得吃的糖果攢起來，親自餵給一位雙目失明的乞丐；

6　羊拖腳印留在今青海省玉樹州囊謙縣康巴噶朵拉紮江邊的一塊大石頭上。

ཉེ་འཁོར་དུ་མཛེ་མོ་མགོན་མེད་ལག་རྩུམ་ཞིག་ཡོད་པར་སྒྲོན་དུ་ཕྲིན་ནས་སྒྲོན་རོགས་མཛད། ཁྱི་མོ་མཐུག་ཆད་ཤི་ལ་ཉེ་བ་ཞིག་ཡོད་པར། རང་གིས་གསོལ་ཆས་མཆོད་པ་དག་མར་རྐྱགས་ནས་ཁྱི་མོ་དེར་སྟེར་བ་སོགས་སྐུ་ན་ཆུང་དུས་ནས་འགྲོ་བ་དག་རང་ལས་གཅེས་པར་མཛད་པ་མཚོན་བྱེད་དུ་གཡོན་ཟུར་གྱི་སྐུ་འདི་རྣམས་དེར་དགྱུང་གྲངས་དྲུག་གི་སྐུ་(༥)ཡིན།

གཞོན་ནུར་གྱུར་པ་དེ་ཉིད་ནས་ཡུམ་མིན་པར་བུད་མེད་གྱུས་ཀྱང་སྐུ་ལ་རེག་མ་སྦྱོང་ཞིང་། ཆངས་སྤྱོད་དགེ་བསྙེན་གྱི་ཚུལ་ཁྲིམས་དྲི་མ་མེད་པར་ཕྱུན་པ་མཚོན་བྱེད་དུ་ན་བཟའ་དཀར་པོ་གསོལ་པ་(༤)བྱིས།

གནས་དེར་ཆུང་དུས་ལུག་རྫི་གནང་རྐྱབས། སྨྲ་མ་ལྷ་བུའི་ཏིང་དེ་འཛིན་ལ་མངའ་བརྙེས་ཏེ། མཐལ་ལམ་དུ་དེ་བཞིན་གཤེགས་པ་མ་ཚགས་བཙུའི་སྐུ་དང་ཞིང་ཁམས་དང་དེའི་བྱང་ཆུབ་སེམས་དཔའ་དང་ཉན་ཐོས་ཀྱི་འཁོར། དེའི་ཡོན་ཏན་དཔག་ཏུ་མེད་པ་གཟིགས་པ་མཚོན་བྱེད་དུ། དབུ་རྒྱབ་ཏུ་མེ་ཏོག (༧) ལྷ་བུའི་ཁ་ཆེལ་ཆེལ་དེ་དག་དང་། སྐུ་རྒྱབ་གཡས་གཡོན་གྱི་མཆོད་རྟེན་དཀར་ཆུང་གཉིས་པོས་མཆོན་(༢)ནོ།།

有時也會領著一位斷肢殘臂的痲瘋病婦女，沿街乞討，讓她得到溫飽；一次，祖師看見一隻被人剪斷尾巴、奄奄一息的母狗，便把剛吃下不久的食物吐出來餵這隻母狗。如此等等，祖師從小對所有生命有著自輕他重的悲天憫人之心。為了表明這一點，壁畫中畫有6歲時天真爛漫的祖師（圖標5）。

除了母親之外，其他婦女的手從來沒有碰過祖師的身體，因此祖師具備了清淨無染的梵行居士戒。為了象徵這一點，壁畫裡畫有穿著白色法衣的祖師（圖標6）。

覺巴吉天頌恭祖師自幼幫家裡牧羊，成了牧羊童，那時便已獲得了如幻三摩地。祖師在夢中見到無貪蓮花如來莊嚴的身相、清淨的剎土、諸大菩薩摩訶薩和聲聞阿羅漢。為了象徵這些不可思議的功德，壁畫中祖師畫像的身後，畫有斑駁陸離的花雨（圖標7），以及身後的左右方，各畫有一尊小白塔（圖標8）。

ཇོ་ཕྱོགས་འདན་སྟོད་ཀྱི་ཡིང་ཚོ།

南方的丹都

(9) མཎྜལ།
曼陀羅

(10) རྡོ་རྗེ་རྣལ་འབྱོར་མ།
金剛亥母

(11) ཀ་པཱ་ལ།
顱器

(12) ཀླུ་དབང་།
龍王

(13) མི་གོས་དཀར།
白衣服的人

(14) ཇག་བྱི་སུག
盗賊其蘇

(15-16) མཁའ་འགྲོ་མ་གཉིས།
兩位空行母

(17) འཇའ།
彩虹

(18) རྡོ་རྗེ་ལེགས་པ།
煞神多傑樂巴

མཛད་པ་གཉིས་པ།
སྐུ་ཕྲེང་འདས་སྟོད་ཀྱི་ཡིང་ཚོ།

ཙ་ཚིག

སྐུ་ཕྲེགས་རྣ་གསལ་འབས་བུ་འབྱོར་ལྷན་ད།།
ཕྲིན་རྣབས་རྣད་བྱུང་རྡོ་རྗེ་མཁའ་འགྲོ་མས།།
ལུང་བསྟན་ཤུལ་མཚོན་ཞབས་ཏོག་རྗེས་འབྱངས་པ།།
ལྷ་གྲུ་གཟོང་སྦྱིན་འདུལ་ལ་ཕྱག་འཚལ་ལོ།།

རེ་མོའི་འགྲེལ་བཤད།

༈སྐྱོབ་པ་འཇིག་རྟེན་གསུམ་མགོན་ཚེབས་སྐྱུང་མོ་ཚེ་(3)ཞིས་པའི་སྐྲབ་ཡུག་ཏུ་འདག་སྤུར་མཛད་དེ་སྐྲ་བཅད་ཀྱིས་རྡོ་རྗེ་རྣལ་འབྱོར་མའི་སྐྲབ་པ་མཛད་སྐྱབས་ཞིན་མོ་བསྐྱེད་རིམ་དང་། ནུབ་མོ་རྫོགས་རིམ་བསྒོམ་ནས་རྗེ་བཙུན་མའི་ལགས་མཚོན་རེ་མཛད། མཚན་ཕྱེད་ན་གཏོར་མ་ལ་སོགས་པའི་ཕྱགས་དང་མཛད་པས། རྡོ་རྗེ་རྣལ་འབྱོར་མས་ཞལ་གཟིགས། སྐུ་མདུན་གཡས་ཀྱི་གྲུ་བཞི་སེར་པོ་དེ་མཆུལ་(1)ཡིན་ལ་རྡོ་རྗེ་རྣལ་འབྱོར་མ་(10)ཡང་དེས་མཚོན། དེའི་ཉེ་འཕྲས་དུ་ཀ་བླ་ལ་བདུད་རྩིས་བཀང་བ་(11)མཚོན་པའོ།།

3 ཚེབས་སྐྱུང་མོ་ཚེ་ནི་འདན་སྟོད་རྣ་ར་བྲག་གི་སྐུ་ཕྲེགས་སུ་སྐྱེ་ལ་100ཡས་མས་ཀྱི་མཚམས་སུ་གནས།

事蹟二
南方的丹都

偈 言

於彼南方新月富足果，
希有加持金剛空行母，
授記指路服侍並隨行，
天龍夜叉伏者我頂禮！

【圖文解說】

覺巴吉天頌恭祖師的事蹟之二，祖師在南方丹都隆莫切以禁語閉關修持金剛亥母的時候，白天著重修習生起次第，晚上致力修持圓滿次第，以此供養至尊瑜伽母。半夜時分，供養食子，犒勞酬謝護法。一次，在祖師的禪定淨相中面見了金剛亥母的尊容。壁畫上祖師畫像右側的方形黃色物件，就是曼陀羅（圖標9）。這個曼陀羅亦象徵著金剛亥母（圖標10）旁邊還畫有盛滿甘露妙藥的顱器（圖標11）。

གནས་དེར་སྐྱབ་པ་མཛད་པའི་དུས་སུ་ཐན་པ་ཆེན་པོ་བྱུང་ནས་གྲོང་
དུ་བྱོན་པ་ལ་ཆར་འབེབས་པར་ཞུ་ཟེར། ཀླུ་གར་ཡོད་བྱས་པས་བྲག་ཡ་ཀིའི་
ཚར་ཡོད་ཟེར། བྲག་དེའི་ཚར་བྱོན་ནས་ང་རྣལ་འབྱོར་གྱི་དབང་ཕྱུག་ཆེན་པོ་
ཡིན། ཀླུ་བྱོང་ཆར་ཕོབས་བྱས་པས་དེ་མ་ཐག་ཏུ་ཆར་ཆེན་པོ་བབས་ནས་བྱུང་
བའི་གདུག་པ་ཅན་གྱི་ཀླུ་དམར་པོ་དེ་མཚོན་བྱེད་དུ་འོག་གི་སྒྲལ་དམར་པོ་
དེས་ཀླུ་གཞན་དེ་མཚོན་པ་(77)ཡིན།

ན་ཐུག་དུག་པོས་བཏབ་པའི་ནད་པ་ལའང་ཕོད་ཆང་ལ་བྱིན་རླབས་
མཛད་དེ་བླུད་པས་ཐན་པ་དང་། ཕྱུག་གིས་བྱུགས་བྱུགས་མཛད་པས་མཛོ་
སོས་པ་སོགས་དེ་མཚོན་བྱེད་དུ་གཡས་ཟུར་འོག་ཏུ་མི་གོས་དཀར་པོས་(77)
མཚོན།

སྐྱུང་མོ་ཆེའི་ས་ཕྱོགས་དེར་རི་དྭགས་སྲ་ཚོགས་རྒྱ་བ་ལ་གཅན་གཟན་
དང་། སྐྱུང་ཀིའི་སོགས་ཀྱིས་གནོད་འཚེ་བྱེད་པ་ལ། བདེན་པའི་བྱིན་རླབས་སྲ
རེ་མཛད་པས་དུང་འགྱུར་གནོད་འཚེའི་འཇིགས་པ་ཞི་བ་བྱུང་།

　　有一次，覺巴吉天頌恭祖師在那裡閉關苦修時，當地出現多年不遇的乾旱，眼看莊稼就要顆粒無收之際，祖師動身下山來到城中。人們一見祖師造訪城裡，便相擁上前哀求祖師降雨，消除災害。祖師問他們龍王棲息在哪裡，人們不約而同指著遠處的一座岩石，說龍王棲息在岩石之下。祖師便來到岩石下面說道：「我是瑜伽自在的修行人，龍王你現在就要降下雨水。」說罷，傾盆大雨立刻降下，拯救了即將遭遇凶年饑歲的村民們。壁畫中蜷曲的粉紅色大蛇即是嚴厲兇猛的龍王（圖標12）。

　　有時，祖師會親自加持顱器裡的青稞酒，給一些疾病纏身、疼痛難忍的病人飲用，一喝完，病人的疼痛和不適立刻就會煙消雲散，不見蹤影。無獨有偶，一次祖師用雙手慈悲輕輕撫摸一位痲瘋病患，使他奇跡般的痊癒。祖師慈悲濟世、利益苦難眾生的事蹟，諸如此類，不計其數。為了象徵這一點，壁畫裡，在覺巴吉天頌恭祖師畫像的左下方，畫有一位身穿潔白衣服的人（圖標13）。

　　在隆莫切棲息著各種各樣的動物，是動物們的

ཐག་པ་ཁྲི་ཤུག་བྱ་བའི་མི་ངན་ཞིག་གིས་ཡུལ་དེའི་ཡོན་བདག་ཅིག་ལ་
ཏུ་རྐོད་མ་གཅིག་དང་། མཛོ་མོ་གཅིག་ཡོད་པ་ཁྱེར་ནས་རྟེ་རིན་པོ་ཆེ་འདག་
སྟུར་མཛོད་པའི་སྒྲོ་རྩར་བྱུང་ནས། ཟས་ནོར་ཅི་ཡོད་དེད་ལ་ཕྲིན་ཟེར། དགེ་
བསྙེན་ཞབས་ཏོག་པ་ཞིག་ཡོད་པས་སྟེར་རྒྱུ་ཅི་ཡང་མེད་བྱས་པ་ལ། ཡོད་མེད་
ང་རང་ནང་དུ་ཕྱིན་ནས་བལྟས་པས་ཚོག་ཟེར།

དེ་ལ་རྟེ་རིན་པོ་ཆེ་ཐུགས་ལོག་ནས། དབུ་ཐུས་སུ་ཕྱག་ལྷག་ཅིག་ཡོད་
པ་དེ་ས་ལ་བཞབས་ནས། ཚོས་སྐྱོང་བའི་སྲུང་མ་ར་མདའ་བརྐོག་བྱ་བའི་
གསུང་ཚོག་གཅིག་བརྗོད་པས། མི་ངན་དེ་ཆང་ཕྱལ་ལ་ཚོགས་ཡོད་ཙ་ན་ཐག་
ཁྲི་ཤུག་བྱ་བ་དེ་འགྱེལ་ནས་ཕི་བ་བཞིན་དུ་སོང་། དུམ་པ་ཅིག་ན་དབུགས་
ནར་སེར་བྱུང་ནས་དག་བྱུང་མདའ་གཞུ་བྱུང་ལ་ཚོག་ཟེར། དག་གང་ནས་
བྱུང་བྱས་པས། རྐྱང་མོ་ཆེའི་ཕྱག་ནས་བྱུང་མེད་གཞིས་བྱུང་ནས་ངའི་སྐེ་དར་
ཐག་གིས་བསྒྲགས་ནས་འཐེན་ཟེར་བ་དང་ཤིའོ།།

大家園，但偶爾會有惡狼等野獸出沒，危害牠們的性命。祖師親自念經加持之後，動物和野獸們竟變得融洽起來，不再互傷身命，出現了和樂相融的景象。

有一個無惡不作的盜賊名為「其蘇」，經常仗勢欺人。一次，他擄走了一位施主的一匹牝馬和一頭犏牛。他來到覺巴吉天頌恭祖師閉關中緊閉的門前說：「我要索討食物和物品。」祖師的一名居士侍從告訴他，這裡沒有任何可供布施的東西。但他不聽善言，憤憤地說道：「我不相信，我要進去，親眼看看有沒有什麼值錢的物品。」

祖師一聽此言，便不悅地拿起放在枕頭旁邊的鞭子，揮打在地，並說道：「護法，請你們懲罰這惡毒的人吧！」盜賊其蘇悻悻離開之後，他來到一個宴席，正當眾人歡歡喜喜饗宴時，那盜賊突然倒地昏死過去。過了一會兒，他突然睜開眼睛，呼吸急促，厲聲高叫道：「有敵人來襲，快快取我的弓箭來。」旁邊的人不解其意，問道：「哪來的敵人？」他灰不溜丟的臉上勉強擠出幾個字，說道：「隆莫切的山洞裡來了兩個強健兇狠的女人，用一條緞子緊緊勒住我的

མདུན་ངོས་སུ་གོས་དམར་པོ་གྱོན་པ་སྐྱེ་དར་ཐག་གིས་བསྒྲམས་ནས་
ཡར་ལངས་པའི་གཟུགས་དེ་ཐག་པ་ཁྲི་ཤུག(༡༤)དང་། [4] དེ་འོག་ཏུ་ལོ་ཚར་
བཅད་མཁན་མཁའ་འགྲོ་མ་གཉིས་ཀྱི་གཟུགས་ (༡༥)སོ།།

དུས་དེར་རྡོ་རྗེ་མཁའ་འགྲོ་མ་རྣམས་ཀྱིས་ཚོགས་འཁོར་དུ་གནང་
དུངས་ནས་ཚོགས་ཀྱི་སྐལ་པ་ཕུལ་བ་དང་། མཁའ་འགྲོ་མ་མེར་མོས་ལག་
ན་ཐོད་པ་ཐོགས་ནས་བདུད་རྩི་ཕུལ་བ་དེ་མཚོན་བྱེད་གོང་གསལ་འོག་གི་
མཁའ་འགྲོ་མ་ (༡༦) གཉིས་པོ་དེ་གས་མཚོན་ནོ།།

དུས་དེར་དབུས་ནས་མགོ་ལྕ་བ་སྟེ་དུ་ཡོང་བ་དང་མཇལ་ནས་གསུང་
སྐྱིང་མཛད་སྐྱབས། བྱུད་དུ་འཕགས་པའི་ལྕ་མ་རྗེ་ཐག་མོ་གྲུ་པ་བཞུགས་ཤེར་
བ་གསན་པ་ཚམ་ཀྱིས་དང་པའི་སྒྲ་ལོང་རབ་དུ་གཡོས་ནས། དེ་ཉབ་རང་ལ་
ཕྱག་པ་ནས་བཞིངས། དབུས་སུ་འགྲོན་རྒྱུར་ཕྱགས་གྲུབ་མཛད་ཚ་ན། ཕུལ་
དབུས་ཀྱི་རིའི་བར་དུ་འཇའ་ཚོན་ཁར་རེར་བྱུང་བ་དེ་མཁའ་འགྲོ་མ་རྣམས་
ཀྱིས་དབུས་ཀྱི་ཕྱགས་སུ་འཇའ་ཚུག་ནས་ལམ་ཕྱལ་བསྟན་པར་མཚོན་པའི་
འཇའ(༡༧)ཡིན།

---

4   གོང་གི་ཞིང་ཚ་དང་པའི་རི་མོའི་འོག་ཏུ་བཅད་རྣགས་ནག་པོ་འབེན་པ་འདི་ཆོ་ཕྱོགས་སྟན་སྟོང་ཀྱི་ཞིང་ཚ་གཉིས་པ་འདིའི་ཁོངས་སུ་གཏོགས་དགོས་པ་ཡིན།

脖子不放，使我無法呼吸。」他一說完就氣絕身亡，一命嗚呼。

在壁畫中，祖師畫像正下方，被身穿紅色袍子、用紅色布緞緊緊勒住脖子的那個人，就是惡名昭彰的盜賊「其蘇」（圖標14）[7]；而那兩位婦女就是前來懲罰他的空行母的畫像（圖標15）。

當時，有金剛空行母迎請覺巴吉天頌恭祖師前去薈供盛宴，享用薈供甘露。一位橙黃色的空行母，在顱器中盛滿甘露供養祖師，就是前面提到的那兩位空行母（圖標16），象徵著這一神奇的事蹟。

此後不久，從衛藏來了一位名為「果達」的班智達，他與祖師談論佛法時，祖師得知有位傑出的上師名為帕摩竹巴。特別的是，一聽到帕摩竹巴上師的名號，祖師喜不自禁，毛髮豎立，熱淚盈眶。當晚，祖師立刻於洞中收拾行裝，決定去衛藏拜見帕摩竹巴上師。此時，在衛藏一帶巍峨崢嶸的山頂上，瞬間出現彩虹，這就是空行母特意用彩虹指引道路的表徵（圖標17）。

7　上圖事蹟之一中用黑線做了標記的下方，應屬於祖師這個事蹟之二。

དེ་ནས་ཕྱུལ་དབྱུས་སུ་བཞུད་པར་བརྩམ་པ་ན། གཉེན་ཉེ་འབོར་ཚང་
མས་ཕན་སྤྱིར་བྱེད་རྒྱུའི་ཚབ་ཏུ་འགྲོ་ཐོངས་དགོས་དོགས་ཀྱིས་བཀག །སྐྱབས་
དེར་ཚོག་ཨ་མི་གེ་གསལ་བྱ་བས་སྟེ་རིན་པོ་ཆེ་ཕག་ཅིག་ཏུ་སྤྱུན་དང་ནས་
བྱེད་དབྱུས་སུ་བཞུད་ན་ངས་ཞབས་ཏོག་བྱེད་ཟེར། ཇེ་སྤྱར་ཡིན་གསུངས་པས་
ངས་གཙང་བཙན་རྡོ་རྗེ་ལེགས་པ་ལ་གསོས་བྱེད་པ་ཡིན་ཟེར། དེ་སྤྱར་གཙང་
བཙན་རྡོ་རྗེ་ལེགས་པས་ཀྱང་ལམ་དུ་རེ་བོང་དང་། བྱི་བ་ལ་སོགས་པར་སྤྲུལ་
ཏེ་ཞབས་ཏོག་སྒྲུབ། འདིར་ཐག་པ་བྱི་ཤུག་གི་ཁྲིས་སུ་ན་བཟའ་དམར་པོ་
བསྐྱམས་ནས་མར་བཞུགས་ནས་ཡོང་པ་འདི་གཙང་བཙན་རྡོ་རྗེ་ལེགས་པ་
(༡༤)ཡིན་ནོ།།

　　就在覺巴吉天頌恭祖師準備動身去衛藏的時候，一些親戚眷屬以為祖師會提出供給乾糧等請求，於是便以沒有足夠的乾糧和各種各樣的藉口勸說祖師留下來，好好閉關修行，不必遠遊他鄉。此時，一位名為阿米格桑的老奶奶，把祖師拉到一邊，輕聲說道：「如果您真想前往衛藏，我會幫您。」祖師問她如何幫忙，老奶奶用信心十足的口吻說道：「我會和煞神多傑樂巴商討此事，包您順利到達目的地。」就在祖師往衛藏的途中，煞神多傑樂巴時而化作野兔、時而變成地鼠等各種動物服侍祖師，提供了路上一切所需與幫助。壁畫中，在盜賊其蘇的身旁，有一位身穿紅袍，端詳坐在蓮花墊子上的人物，那便是煞神多傑樂巴（圖標18）。

དབུས་གཙང་པག་མོ་གྲུའི་ཡིང་ཚོ།

中央的衛藏帕摩竹

(1) རྣལ་འབྱོར་མ་ཐེ་ཚོམ་ཅན།
乖張不馴的空行母

(2) ཕག་གྲུའི་སློབ་མ་གདུང་གས་ཐོབས་པ་ལྔ་བརྒྱ།
帕摩竹巴上師五百位高擎寶幢弟子

(3) མི་གོས་སེར་ཅན།
身穿紅褐色法衣修行人

(4) རྗེ་གནད།
丹薩梯寺的花草樹木

མཛོད་པ་གསུམ་པ།
དབུས་གྱུར་ཕག་མོ་གྲུའི་ཞིང་ཁོ།

ཙ་ཚིག

དབུས་གྱུར་འགྲོ་བ་སྐྱོབ་བྱེད་ནགས་ཚལ་དུ།།
མཉམ་ཉིད་ཆོས་སྐུ་གཉིས་མེད་ལྷོངས་སྟོང་ཙྟོགས།།
སྣང་སྲིད་སྐུ་ཚིགས་སྣང་བ་སྒྱུར་ཤར།།
སྐུ་གསུམ་མཛོན་དུ་མཛོད་ལ་ཕྱག་འཚལ་ལོ།།

རེ་མོའི་འགྲེལ་པ།

གནས་དབུས་གྱུར་ཕག་གྲུ་གདན་ས་ཐེལ་ན་གཏོང་ནས་རང་དོན་དུ་མཉམ་
ཉིད་ཆོས་སྐུའི་རྒྱལ་ས་ཐོབ་ཟིན་ནའང་། གཞན་དོན་དུ་ཆོས་ལོངས་སྤྲུལ་པའི་
སྐུ་གསུམ་མཛོན་དུ་གྱུར་པར་མཛོད་པའི་ཐུབ་དབང་འབྲི་གུང་ཆེ་སྐྱོབ་པ་
འཇིག་རྟེན་གསུམ་མགོན་དེ་ཉིད་འདན་སྟོང་ཁམས་ནས་དང་པའི་སྐུ་ལོང་
གཡོ་བཞིན་པར་དབུས་སུ་སངས་རྒྱས་འཁོར་བ་འཇིག་གི་རྣམ་འཕྲུལ་ཕག་གྲུ་
རྟོ་རྗེ་རྒྱལ་པོ་(༡༡༡༠-༡༡༧༠) མཐལ་བར་ཉིན་དང་མཚན་བྱུས་ནས་བྱོན་
སྐབས། མཚན་མོར་ལྷ་བའི་དཀྱིལ་འཁོར་ནམ་མཁའ་ལ་ཤར་བ་གཟིགས་པ་ལ།
ལྷ་བ་དེས་ལྷ་མ་མཐོང་ནའང་། བདག་གིས་མ་མཐོང་སྙམ་ནས་སྐྱུན་མཆི་མས་
གང་བཞིན་པར་ཐེབས།

事蹟三
中央的衛藏帕摩竹

偈　言

中央能度眾生森林中，
無二法身及圓滿報身，
顯現諸種萬物化身現，
三身現證尊前我頂禮！

【圖文解說】

在衛藏的丹薩梯寺，為了自利，以本來俱有的方式獲得了平等法身的大果位；為了利他，以現前三身—法身、報身、化身的方式行持利生事業的能仁之王直貢覺巴吉天頌恭祖師，豎起充滿信心的毛髮，帶著激動的心情，從丹都不辭辛苦，飢餐渴飲，披星戴月，夜住曉行地來到了拘留孫佛乘願再來的轉世化身—帕竹多傑嘉波（1110-1170）的座前。夜晚時，當祖師看見掛在天上那一輪皎潔的明月，心中不禁暗想：「此刻的明月可以看見我朝思暮想的上師，是多

དེ་ནི་རྒྱལ་བུ་ནོར་བཟང་དང་། གྲུང་རྒྱབ་སེམས་དཔའ་ཏུག་ཏུ་དྭེའི་རྣམ་ཐར་ བཞིན་བླ་མ་དམ་པ་གོ་ན་ཡིད་ལ་མཛོད།

དེ་ནས་སྟོང་ཚོན་དུ་འགྱོར་བ་དང་རྣལ་འབྱོར་མ་སྤྱོད་པ་འདུ་མིན་ བྱེད་མཁན་རྗེ་རྣམ་པོ་པའི་དྲུང་དུ་ལོ་བདུན་བསྟེན་ནས་རྗེ་ཕག་མོ་གྲུ་པ་ ལས་ཆོས་གསུས་ཐོབ་པ་ཡིན་ཟེར་མཁན་ཅིག་འདུག་པ་ལ། ཆོས་གསུས་ཆེན་པོ་ འཁྱུངས་པས་སྐྱེའི་གཡས་བྱར་འདིར་གོས་དམར་པོ་གྱོན་པ་ལུས་སྟོད་གྱུང་ ནས་དབུས་སུ་བསྐྱ་བ་འདི་ནོན་དུ་འཐུད་པའི་རྣལ་འབྱོར་མ་ཐོ་ཙོ་བྱེད་པ་ (༡)དེ་དང་། སྐུ་མདུན་གྱི་སྐུ་ལྷ་པོ་འདི་ཕག་གྲུའི་སྐྱོབ་མ་གདུགས་ཐོགས་པ་ལྷ་ བརྒྱ་(༢)མཚོན།

དེ་ནས་མར་ཕྱོན་པའི་ལམ་དུ་མི་གོས་དམར་སེར་གྱོན་པ་ཅན་ཅིག་ དང་འཐུད་པར་ག་ནས་འོང་བྱས་པས། ཕག་མོ་གྲུ་ནས་འོང་ཟེར་བ་ལ། དེར་ ཕྱགས་ཆོས་གྲུས་དང་བཅས་པས་ཕྱག་མཛོད། དེ་མཚོན་བྱེད་དུ་གཡོན་ཕྱོགས་ བྱར་དུ་མར་བཞུགས་པའི་རྣལ་འབྱོར་པ་ཐོར་ཚོག་ཅན་གོས་དམར་སེར་གྱོན་ པ་(༣) དེས་མཚོན།

麼的幸運啊！而我卻仍在此孑然獨行，見不到上師的慈容。」思及至此，祖師黯然神傷地流下了虔信的熱淚。這就像善財童子和常啼菩薩可歌可泣的事蹟一般，一心憶念上師，專心渴望上師的不可思議修行境界。

覺巴吉天頌恭祖師到了山南塢地時，途中遇到了一位行為乖張不馴、與眾不同的瑜伽母，自稱依止岡波巴大師7年，在帕摩竹巴大師座前對上師生起恭敬之心。祖師對她恭敬之情油然而生，並祈求加持圓滿道業。壁畫中，站在覺巴吉天頌恭祖師畫像右側，身穿紅袍，探起上半身，目視祖師的便是那位在塢地碰到的行為乖張不馴、不與世俗為伍的空行母（圖標1）。覺巴吉天頌恭祖師身前的5位尊者，象徵著帕摩竹巴上師的500位高擎寶幢的大弟子（圖標2）。

祖師繼續風塵僕僕地獨自上路，途中遇見了一位身穿紅褐色衣服的人。祖師問他從哪裡來，他回答是從帕摩竹過來的，祖師對他也由衷產生了恭敬之情，跪地頂禮。壁畫中，身穿紅褐色法衣，頭上盤著髮髻，面向祖師，坐在左側墊子上的人物，便是那位修行人（圖標3）。

དེར་བཞུགས་མ་ཆུགས་པས་དེ་ཉུབ་རང་ལ་དུ་ལ་སྐྱོ་དོས་རྦུང་ཅིག་
པོ་དེ་བཀལ་ནས་ཕྱུར་ཕྱིན་ཏེ། ནམ་སྣོད་ལ་སྐྱིང་མཐའ་ནས་རྐད་བཏང་ནས་
ཁམས་པའི་མི་སུ་ཡོད་ང་བསྒྱུར་ཏོག་བྱས་པས། སྐྱེ་ཤོད་པའི་སློམ་ཆེན་པ་ཞིག་
བྱུང་། དེས་སྟོན་པ་ཤེས་རབ་ལྗ་མ་བཙལ་ནས་དེ་ཉུབ་མཐའ་ཆུའི་མི་ཁང་དུ་
བཞུགས། ནམ་ཞོགས་ཤིང་བ་ལ་བྱ་སྐྱུང་བོན་པོ་(བྱུ་ངར)གཟིགས་པས། དེ་
ཡང་རྗེ་ཕག་མོ་གྲུ་པའི་སྤྲུལ་པར་གཟིགས་ནས་གཞིགས་ཡ་ན་སྣུང་ཆུང་མ་
ཞིག་འདུག་པ་འདིས་ཀྱང་མཐོང་ངམ་སྣུམ་ནས། འདི་ཅི་ཡིན་བྱས་པས་བྱ་
སྣུང་བོན་པོ་ཡིན་ཟེར། ད་དུང་ཡང་བསྐྱུར་ནས་ལན་གཉིས་སུ་འདི་ཅི་ཡིན་
བྱས་པས་བྱ་སྣུང་བོན་པོ་ཡིན་ཟེར། གཞན་ཡང་ཕག་མོ་གྲུའི་ཤིང་བྱུ་རྡོ་ལ་
སོགས་པ་ཐམས་ཅད་ཀྱང་རྗེ་ཕག་མོ་གྲུ་པའི་རྣམ་འཕྲུལ་དུ་གཟིགས་ནས་
འདི་ལ་ཆོགས་སུ་བཅད་པ་ཡང་།

དཔལ་ལྡན་ཕག་མོ་གྲུ་ན་བཞུགས་པའི་ཆེ། །
ཕྱི་རོལ་སྣང་བ་མཐོ་དམན་ཐམས་ཅད་ཀྱང་། །
བླ་མའི་རྣམ་འཕྲུལ་བཀོད་པའི་སྣང་བ་ཤར། །
ཅུད་འཇོན་ས་བཅུར་གྲགས་པའི་སྐྲན་པ་བྱུང་། །

　　由於祖師迫切希望見到上師，一刻都不想耽擱，便無心於埋鍋造飯，過夜住宿。祖師急忙收拾行裝，給馬馱了兩袋東西，繼續趕路，開拔前行。午夜時分，便來到帕竹寺院的附近，祖師高聲喊道：「有沒有康巴人可以過來幫我引進?」一位來自吉秀的修行人，睡眼朦朧中聽到有人喊，便急忙起來叫了頓巴謝惹喇嘛，倆人帶著祖師來到它乍（指懸崖山下的關房）的伙房歇息用餐，當晚祖師在伙房裡將就休息一晚。第二天一早，天濛濛亮，祖師看見一隻馬雞[8]來回徘徊，心中立刻想到，這隻馬雞會是帕摩竹巴上師的化身嗎?祖師起身問旁邊睡眼惺忪的小乞丐，小乞丐說那是一隻馬雞，不用大驚失色。祖師懷疑，又連續問了兩三遍，他的回答都一樣，說那只是一隻馬雞。但祖師自從來到帕摩竹巴寺的那一刻起，寺中的一草一木、一花一樹、一石一土，祖師都將它們視為帕摩竹巴上師的化身，而不是平庸不華的俗物。對此，專門有一首偈言：

> 身居吉祥帕摩竹寺時，
> 恆視一切外現高下物，
> 皆為上師變化之示現，
> 十地傳承持者美名揚！

8　馬雞：屬雉科，高96公分（38英寸）。雄的馬雞體型略大，有三種不同顏色：藍色、白色和棕色。直貢地區和帕竹寺一帶是藍色的。臉與胯是紅色，兩側耳羽白色，成束狀貼立，並向後延伸、突出於頭頸之上，像是長了一對角。兩邊24條長的翅膀是黑藍色，尾巴像公雞一樣翹垂尖頭是黑色。早晨3、4點馬雞會啼叫，聲音節奏是：「岡、岡、岡嘎然、岡嘎然、岡嘎然」，這樣一直叫七、八次。

ཞེས་ཏེ་རྟེ་ཐག་མོ་གྱུ་པའི་བརྒྱུད་པ་འཛིན་པའི་བྱང་རྒྱབ་སེམས་
དཔའ་ཆེན་པོ་ཞིག་ཕྱིན་པ་ཡིན་ཟེར་བའི་སྐུན་པ་བྱུང་ངོ༌།།

གཞལ་ཡས་ཁང་གི་མཐའ་སྐོར་དང༌། སྐུའི་འདབ་ཀྱི་ཁྲ་ཆེལ་ཆེལ་འདི་
དག་ནི་རྩེ་ཤིང༌(༤)མཚོན་པར་བྱས།

དེར་དཔལ་ཐག་མོ་གྱུ་པ་དང་མཇལ་བའི་ཚེ་འཁོར་ཐམས་ཅད་དེ་
རིང་རྟོགས་སོ་གསུངས། དེ་ནས་སེམས་བསྐྱེད་ནས་བཟུང་དབང་དང་གདམས་
པ་མ་ལུས་པ་གནང༌། འདི་གདན་ས་དེ་དགེ་བསྟེན་ས་བཅུ་པ་ཞིག་གིས་སྐྱོང་
གསུངས།

དེ་ཡང་རྒྱལ་རབས་དེབ་ཐེར་སྔོན་པོ་ལས། མི་མོ་བྱུ ༡༡༢༢ ས་མོ་
ཐག ༡༡༢༥ བར་ལོ་རོ་གསུམ་དུ་འབྲི་གུང་ཚོས་རྗེས་གདན་ས་མཛད། ཞེས་
གསུངས༼5༽པ་བཞིན་འབྲི་གུང་ ཕྱྐྱོབ་པ་འཇིག་རྟེན་མགོན་པོས་དཔལ་ཐག་
གྱུའི་གདན་ས་ལོ་གསུམ་བརྒྱུད་བར་མཛད། ཐག་གྱུ་སྐུ་གཤེགས་དུས། བླ་མའི་
ཐུགས་ཀ་ནས་གསེར་གྱི་རྡོ་རྗེ་བྱུང་སྟེ། ཕྱྐྱོབ་པ་རིན་པོ་ཆེའི་ཐུགས་ཀར་
ཐིམ་པ་དེར་ཡོད་ཀུན་གྱིས་མཐོང༌། ཞེས་དཔའ་བོ་གཙུག་ལག་ཕྲེང་བའི་ཚོས་
འབྱུང་མཁས་པའི་དགའ་སྟོན་སོགས་ལས་གསུངས༼6༽ཏེ། འགྲོ་མགོན་ཐག་མོ་
གྱུ་པའི་སྐུ་གསུང་ཐུགས་དང་དབྱེར་མེད་དུ་གྱུར་པར་མཛད་དོ།།

5 རྒྱལ་རབས་དེབ་ཐེར་སྔོན་པོ་ཕྱེབ༼༧༢༢-༡༽ མཁས་པའི་དགའ་སྟོན་ཕྱེབ་ ༡༣༥༤-༤

6 ཚོས་འབྱུང་མཁས་པའི་དགའ་སྟོན་ཕྱེབ ༡༣༩༣-༡༢

從此之後，丹薩梯寺的弟子和善男信女們交相傳頌著，有一位大菩薩專門來到寺院，傳承帕摩竹巴上師的法脈，以續佛慧命，傳承如來的家業。

壁畫中，覺巴吉天頌恭祖師畫像身後無量宮殿的周圍，以及身旁斑駁陸離的花雨，即象徵著丹薩梯寺的花草樹木（圖標4）。

當覺巴吉天頌恭祖師第一次拜見帕摩竹巴上師時，上師親口說道：「此刻，我所有的眷屬弟子已經圓滿了。」自此之後，上師授予了覺巴吉天頌恭祖師完整的發菩提心儀軌，以及所有甚深的灌頂和教言，並授記說：「我的寺院將會有一位住十地的大菩薩居士護持弘揚，發揚光大。」

對此，《青史》中這樣記載：「藏曆火陰雞年（1177）到土陰豬年（1179），直貢法王護持丹薩梯寺3年。」因此，覺巴吉天頌恭祖師住持丹薩梯寺的3年中，研習佛經，指導行者，利益人天，有著許多不可磨滅的貢獻。史冊《賢者喜宴》中還記載：「帕摩竹巴上師圓寂之後，在場的所有師兄弟一致看見，上師的心間出現一支黃金金剛杵，徑直款款融入祖師的心間。」因此可以說，覺巴吉天頌恭祖師成就了與帕摩竹巴上師身、語、意無二無別的廣大功德。

ཆུབ་ཕྱོགས་དབྱེ་ཆུང་ཕུག་གི་ཡིང་ཚོ།

西方的耶瓊浦山洞

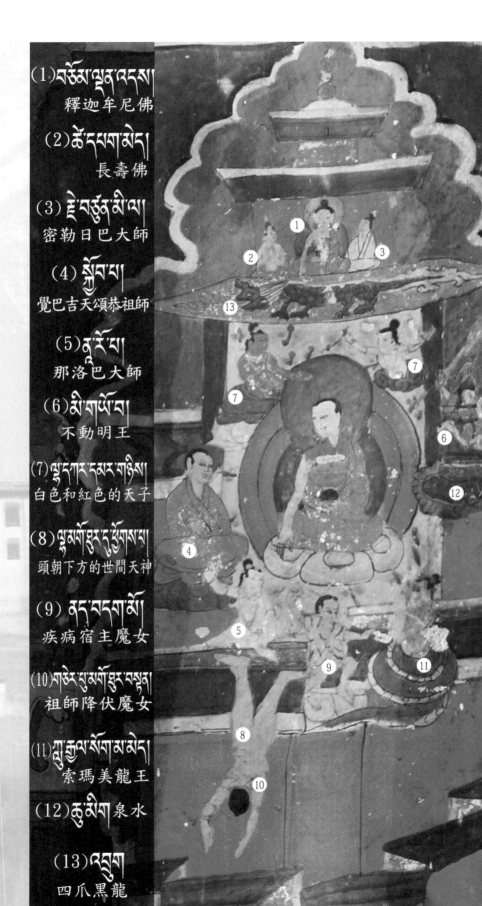

(1)བཅོམ་ལྡན་འདས།
釋迦牟尼佛

(2)ཚེ་དཔག་མེད།
長壽佛

(3)རྗེ་བཙུན་མི་ལ།
密勒日巴大師

(4)སྐྱོབ་པ།
覺巴吉天頌恭祖師

(5)ནཱ་རོ་པ།
那洛巴大師

(6)མི་གཡོ་བ།
不動明王

(7)ལྷ་དཀར་དམར་གཉིས།
白色和紅色的天子

(8)ལུས་མགོ་ཐུར་དུ་ཕྱོགས་པ།
頭朝下方的世間天神

(9)ནད་བདག་མོ།
疾病宿主魔女

(10)གཅེར་བུ་མགོ་ཐུར་བསྟན།
祖師降伏魔女

(11)ཀླུ་རྒྱལ་སོག་མ་མེད།
索瑪美龍王

(12)ཆུ་མིག
泉水

(13)འབྲུག
四爪黑龍

མཛོད་པ་བཞི་པ།
རྣབ་ཕྱོགས་དབྱེ་ཆུང་ཕྱུག་གི་ལིང་ཚེ།

ཙ་ཚིག

རྣབ་ཕྱོགས་དབེན་གནས་སྲོས་མེད་རེ་ཤིང་དུ།།
ཉེས་ཚོགས་མི་མཐུན་དྲི་མ་རྣམས་སྤང་ནས།།
སངས་རྒྱས་ཡོན་ཏན་རྒྱ་མཚོས་རབ་མཛེས་པ།།
དུས་གསུམ་ཤེས་བྱ་གཟིགས་ལ་ཕྱག་འཚལ་ལོ།།

རི་མོའི་འགྲེལ་བཤད།

རྣབ་ཕྱོགས་དབྱེ་(ཨེ)ཆུང་གི་ལིང་ཚེ་འདི་འགྲོ་གུང་ལྕེ་སྐྱོབ་པ་འཇིག་
ཏྗེན་མགོན་པོ་འགྲོ་མགོན་ཕག་གྲུ་མཛད་ནས་སྐྱབ་པ་མཛོད་སའི་དབེན་
གནས་ཤིག་ཡིན། དེ་ནི་གདན་ས་ཐེལ་ཕག་མོ་གྲུའི་རྣབ་ཕྱོགས་སུ་གནས་ཤིང་།
དབྱེ་ཆུང་ཟེར་བའི་ལུང་ཕྱུག་དེའི་རི་གཟར་དོས་སུ་སྐྱབ་ཁང་གི་ཤུལ་དེང་
བར་དུའང་མཛལ་རྒྱ་ཡོད་པ་དེ་ཡིན།

དེར་འགྲོ་གུང་ལྕེ་སྐྱོབ་པས་ལྷ་རྗེས་ལོ་ཏོ་བདུན་ཚམ་སྒྲུབ་པ་མཛད
སྐབས། སྒྲུབ་པའི་རྟགས་འདད་མེན་བྱུང་བ་དག་རེ་མོའི་ལམ་ནས་སྟོན་ཞིང
། བྱིས་ཚ་འདིའི་དབུ་མཐོངས་དབུས་སུ་བདག་ཆག་གི་སྟོན་པ་སངས་རྒྱས

事蹟四
西方的耶瓊浦山洞

偈　言

西方隱地離戲山林間，
捨棄諸過不順污垢後，
佛陀如海功德為莊嚴，
三世所知盡見尊前禮！

【圖文解說】

　　位於（丹薩梯寺）西方的耶瓊浦山洞，是覺巴吉天頌恭祖師從帕摩竹巴上師處領受教法之後，第一次進行閉關修行的寂靜聖地。而這坐落在山南境內、耶瓊山溝盡頭的陡峭崢嶸處，一間廢墟遺址，便是此關房聖地，現在仍有許多絡繹不絕的朝聖者前往朝拜瞻仰。

　　在那座山洞中，覺巴吉天頌恭祖師曾經先後閉關修行7年，期間出現各種各樣的修證驗相，吉兆紛

བཙམ་ལྷུན་འདས་(༡)བཞུགས་ཤིང་། དེའི་གཡོན་ཕྱོགས་སུ་ཚེ་དཔག་མེད་
(༢)དང་། དེའི་གཡས་ཕྱོགས་སུ་རྗེ་བཙུན་མི་ལ་རས་པ་(༣)བཞུགས།

དེ་སྐབས་འཕོར་བར་འཁྱམས་པ་ཀྲུང་དཔུ་མར་མ་ཚུད་པས་ལན་
གསུངས་ནས་དག་ཀྲུང་བཅུན་པས། མདུན་གྱི་ནམ་མཁར་རྗེ་བཙུན་སྒྲོལ་
མ་བདུན་ཕྱིན་ནས་ཞལ་གཟིགས་བྱུང་བར་ཡོངས་སུ་གྲགས་པའི་སྒྲོལ་མའི་
གསོལ་འདེབས་སྐྱབས་མདུན་མར་གྲགས་པ་དེ་དེ་དུས་མཛད།

འདིའི་སྐུའི་དཀྱིལ་འཁོར་གྱི་གཡོན་དུ་བཞུགས་པ་དེ་འབྲི་གུང་ཤྱོབ་
པ་(༧)དང་། དེའི་མདུན་ཐད་དུ་ཡོད་པའི་སྐུ་དཀར་པོ་ཕྱག་ན་ཕྱམ་པ་
བསྣམས་པ་དེ་དཔལ་ན་རོ་པ་ཆེན་པོ་མདུན་གྱི་ནམ་མཁར་ཕྱིན་ཏེ། འཕོར་
ཕོ་སྟོས་པའི་དཀྱིལ་འཕོར་དུ་སྤྱལ་ནས་དབང་བཞི་རྫོགས་པར་བསྐྱུར་བའི་ཚ
བྱུང་ཡིན། (༥) ཡང་དུས་ཅིག་ལ་ཡ་སྒྱུབ་པ་རིན་པོ་ཆེ་སྐུ་དེ་ཉིད་རྗེ་བཙུན་ཁྲོ
ཕོའི་རྒྱལ་པོ་མི་གཡོ་བ་ལས་གྱིས་གྱུར་བ་གཅིག་བྱུང་བ་གཡས་ཕྱོགས་སུ་སྐུ
ཆུང་དུ་ན་ཟ་དམར་པོ་བསྣམས་པ། ཕྱས་མོ་གཡས་པ་ནི་གདན་ལ་བསྟེན་ཅིང་།
ཕྱག་གཡས་རལ་གྱི་འཕྱུར་བ་འདི་རྗེ་བཙུན་ཁྲོ་ཕོའི་རྒྱལ་པོ་མི་གཡོ་བ་(༦)
འདིས་མཚོན་པར་བྱས་ཏེ།

呈。壁畫裡畫有祖師在禪定淨相中見到的諸佛菩薩天尊等畫像，圖中位於上方中央的是釋迦牟尼佛（圖標1），其右側的是長壽佛（圖標2），其左側的尊者是密勒日巴大師（圖標3）。

當祖師在該山洞裡修行時，心想，是因為沒有把氣融入中脈，才導致流轉在永無止境的輪迴中沒有出期，進而加強控制氣的運行，突然在禪定淨相中面見了前方虛空7位至尊度母的蒞臨，隨即揮筆寫下祈請至尊度母的著名祈請文《度母七救怙文》，傳頌一時，廣為人知。

畫像壇城中，以端正坐姿坐在右側的是覺巴吉天頌恭祖師（圖標4）；祖師身前微下方處，身色潔白、手持寶瓶的尊者那洛巴大師徑直飛向空中，霎時變為威嚴無比的勝樂金剛壇城，圓滿傳授四灌頂的畫像（圖標5）。有一次，祖師在閉關修行時，自身突然變成忿怒本尊之王—不動明王的威嚴形象，降伏十方群魔。壁畫中左側，身穿紅色衣服，右膝跪在日輪墊上，右手揮舞著鋒利寶劍的小忿怒本尊，便是忿怒本尊之王—不動明王尊者（圖標6）。

གསང་ཕྱགས་ཀྱི་མཐུ་སྟོབས་ཐམས་ཅད་ཀྱང་དེའི་དུས་སུ་ཐྱུགས་སུ་
ཆུད་པ་ཞིག་བྱུང་། གཞན་ཡང་སངས་རྒྱས་བྱུང་སེམས་མང་པོའི་ཞལ་གཟིགས་
ཤིང་། མཁའ་འགྲོ་མས་ཆོགས་ཀྱི་འཁོར་ལོར་གདན་འདྲེན་པ་སོགས་མཚོན་
བྱེད་དུ་དབུ་མཐོངས་ཀྱི་ལྷ་སྐུ་མདོག་དཀར་དམར་གཉིས་པོས་མཚོན། (༧)

ཡང་འཇིག་རྟེན་པའི་ལྷ་འཇིགས་ཤིང་རུང་བས་བར་ཆད་བཅུམ་དུས་
ཕྱག་ན་ཌོ་རྗེ་བསྐལ་ཤིང་། ཕྱགས་དགའ་མཛོད་པ་ཚམ་ཀྱིས་གདུག་པ་ཅན་
རྣམས་ཚར་བཅད་པ་མཚོན་པར་བྱེད་པ་མཛུན་འོག་ཏུ་ལྷ་མགོ་པོ་ཐུར་དུ་
ཕྱོགས་པ་འདི་ (༩) དང་། ཕྱག་གིས་ཐྲིག་མཛོབ་ཀྱི་ཕྱག་རྒྱ་མཛོད་པ་ཚམ་ཀྱིས་
ལྷའི་མགོ་པོ་ཆལ་པ་བཅུར་འགས་པ་མཚོན་པའི་བརྐོད་པའོ།།

ཡང་ངམ་ཤོད་ལུང་པའི་ཁྱུལ་དུ་གཉན་ནད་འཇོམ་བྱ་ལྕུག་དགྱེ་བྱ་
བའི་ནད་ཡམས་བྱུང་། དེ་མཚོན་བྱེད་དུ་སྐུའི་མཇུན་དུ་ཡར་ལངས་ནས་ཡོད་
པ་དེ་ནད་ཀྱི་བདག་མོ་ནད་ཀྱི་རྒྱལ་པ་མཆན་ཁུང་དུ་ཐོགས་པས་(༩) མཚོན།
དེ་ཚན་འབྲི་གུང་༠ལྐྱོབ་པ་རིན་པོ་ཆེས་སྤྲུན་ཆེ་རེར་གཟིགས་ནས་གསུང་
ཆེན་པོས། ཨོཾ་མ་ཎི་པད྄མེ་ཧཱུྃ། ཞེས་གསུངས་པ་ཚམ་ཀྱིས་ནད་བདག་མོ་དེ་ཕྱིར་
ལོག་སྟེ། དབྱེ་རྐྱང་ལུང་པའི་ཡུལ་མི་རྣམས་ནད་དེ་ལས་མཐར། ནད་བདག་དེ་
ཆར་བཅད་པ་མཚོན་བྱེད་དུ་སྐུའི་མཇུན་འོག་ཏུ་མི་གཅེར་གཟུགས་མགོ་ཐུར་
བསྟེན་གཡང་སར་འཕྱངས་པ་ (༡༠) འདིས་མཚོན་ནོ།།

當時祖師圓滿了密宗金剛乘所有的修行妙力，另外，祖師還面見了諸佛菩薩美麗莊嚴的身相，獲得加持，且受各大空行母邀約前去參加各種薈供盛宴。為了象徵這一點，壁畫裡畫有兩位駕著祥雲、身姿婀娜的白色和紅色的天子（圖標7）。

　　一次，祖師如如不動於禪定之中時，世間一位兇惡的天神飛沙走石地來到祖師跟前，準備加害祖師。祖師手舞法鼓，專注於三摩地之中，立刻將他擒住，降伏其心。畫中下方，頭朝下的人物便是那位兇惡的世間天神（圖標8）。同時，這個畫像還象徵著覺巴吉天頌恭祖師手握降魔期剋印，指向魔頭，當下頭骨碎裂、鮮血飛濺的巨大威力。

　　當時在昂木秀一帶出現了一種癲癇病，四處蔓延。畫中主尊畫像正下方就是疾病宿主魔女，她腋下夾著散發疾病和痛苦的袋子（圖標9）。鄉里村民正受病痛煎熬、不知如何應對時，覺巴吉天頌恭祖師怒目圓睜，高聲念誦「嗡瑪尼悲美吽」。魔女一聽到祖師念誦真言的聲音，立刻收起了袋子，消失無蹤，而這一帶流行的惡疾立即有效地被控制，村民們逐漸恢復了健康。畫中下方，赤裸著身體，頭臉朝下，躍入深淵的人像，就是象徵著覺巴吉天頌恭祖師降伏魔女

དུས་དེར་ལྷ་སྐྱབས་པ་རིན་པོ་ཆེ་སྨྱུན་བསྟུང་བ་ལ། སྒྲ་རྒྱལ་སོག་མ་མེད་ ཀྱིས་སྨྱུན་ནད་ཞིས་བླངས་པར་མཚོན་བྱེད་དུ་སྐྱུའི་གཡས་ཕྱོགས་ཀྱི་འོག་ཏུ་ སྒྲ་རྒྱལ་གྱིས་སྟེ་རིང་པོ་བརྒྱངས་ནས་གོས་མེར་པོ་ཀྱོན། ཐོར་ཚག་ལ་སྤུལ་གྱི་ གདིངས་ཀ་བྱས་ནས་སྣང་སྒལ་མཐུག་འཁྱིལ་བ་འདིས་མཚོན། (११) སྒྲ་རྒྱལ་ སོག་མ་མེད་དེས་གསོལ་ཆུ་ཡན་ལག་བརྒྱད་དང་ཕུན་པ་ཕུལ་བ་མཚོན་བྱེད་ དུ། སྐྱུའི་དཀྱིལ་འཁོར་གྱི་གཡས་ཕྱོགས་སུ་ཆུ་མིག (१२) བྲིས་སོ།།

དེར་ལོ་གསུམ་བཅད་རྒྱ་གྲུབ་ནས་ཐག་གྲུར་ཏྲོན་ཏེ་ཕྱག་མཆོད་ མཛད། སྨྲ་ཡང་དབྱེ་རྒྱུན་ཕྱག་ཏུ་ཕེབས་ནས་སྒྲུབ་པ་ཕྱི་མ་ལོ་བཞི་མཛད་ སྐབས་ཕྱགས་དས་གནད་དུ་ཕོག་ནས། དགེ་སྦྱོར་གྱི་སྟོབས་ཆེན་པོས་ཐོག་མ་ མེད་པའི་ལས་ངན་དང་བག་ཆགས་ཐམས་ཅད་སྟོང་ཞིང་འདག་དགོས་པར་ བསྟན་ནས། སྒྲུ་ཁམས་མ་བདེ་བ་དེ་བྱུང་སྟེ། སྒྲུ་ལ་བསྟུང་དང་རྦུག་གིས་གང་། མེ་རྐྱང་གི་སྟོབས་ཀྱིས་དབུ་སྐྲ་དང་བ་སྤུ་ཐམས་ཅད་ནི་ཉམས། མཐུན་པའི་ རྟགས་ཀྱིས་གནོད་པ་ཆེན་པོ་གྲུབ་པ་ནི་བྱུང་། ཐ་ན་ཁྲོད་ཅི་ཚུག་ཡོང་ཟེར་བའི་ ནད་འདྲི་བ་ཙམ་རེ་ཡང་མེད། དེ་ལ་ཕྱགས་སྲུག་ཆེན་པོ་བྱུང་སྟེ།

的利生事蹟（圖標10）。

　　一次，覺巴吉天頌恭祖師得了一種奇怪的眼病，索瑪美龍王自告奮勇，上前伸出舌頭舔舐祖師的雙眼，使眼疾立刻痊癒，恢復如常。畫中左側下方，身穿黃色衣服，伸出長舌，以傘蓋的形狀盤著蛇髮，下半身為蛇尾，蜷縮在身下的尊者，便是索瑪美龍王（圖標11）。索瑪美龍王殷切發心，並向覺巴吉天頌恭祖師供養了一汪具有8種功德的泉水，畫中主尊壇城左側橢圓形的東西，就是供養祖師的那汪八功德泉水（圖標12）。

　　覺巴吉天頌恭祖師在圓滿為期3年的閉關苦修之後，便前往帕竹丹薩梯寺進行虔誠頂禮，廣大供養。隨即又回到耶瓊浦山洞，誓下決心，勇猛精進，開始閉關苦修四年。當祖師修行正達爐火純青地步之時，決定以威力無比的修行力量，示現預先承受且清淨無始以來造作、累積的所有惡業和習氣。頓時，覺巴吉天頌恭祖師突然法體抱恙，周身隱隱作痛，頭髮和鬍鬚徑直脫落。所有人都怕被祖師傳染，不敢前來噓寒問暖，詢問病情。這種種炎涼世態，人情冷暖，祖師看在眼裡，痛在心裡，心中感到非常失望之餘，

རྗེ་ཕྱག་མོ་གྲུ་པའི་སློབ་མ་ཡང་ཡིན། གྲུབ་ཐོབ་ཀྱི་ཁ་སྐད་ཀྱང་ཡོད་པ་ལ་བླ་མ་
དགས་པའི་ཞབས་འདྲེན། རྫོ་རྗེ་མཆེད་གྲོགས་གོང་མ་རྣམས་དང་ཡོན་བདག་
དང་ཁམས་པ་རྣམས་ཀྱིས་ཀྱང་སྐུང་འདྲེན་དུ་སོང་། ནད་འདི་ལྷུ་བུ་བྱུང་བས་
དུས་ཕྱོགས་གར་སོང་ཡང་སྐྱིད་པ་མེད། གདན་སར་ཕྱིན་ནས་འབུམ་པ་ལ་
བསྐོར་བ་བྱས་ན་ཡང་ཕག་མོ་གྲུ་པའི་སློབ་མ་གྲུབ་ཐོབ་ཡང་འདི་འདྲར་སོང་
ཟེར་ནས་ཞབས་འདྲེན་དུ་གྱུར། མཁན་པོ་ཞང་གི་སར་ཕྱིན་ནས་ཡང་ནས་བྲེ
ལྷ་དང་ཞག་གཅིག་གི་ལྷྷོ་སྟེར། སློབ་དཔོན་རྗེ་ལྱུང་པའི་རྣར་སོང་ཡང་ང་ལ་
གྲུབ་ཡོང་ཟེར་ནས་སྐྲྱི་སྲུན་ཅིག་དང་ཟན་ཞིག་སྤོར་སྐྱིལ། བླ་མའམ་གྲོགས་པོ་
གཞན་གྱི་ས་ལ་ནི་འགྲོ་ས་མེད།།

དེ་ནས་ཨེ་ཆུང་ཕྱག་ཏུ་འཁོར་ནས། བླ་མ་ཡལ་ནི་མི་སྲིང་། ཡོན་བདག་
མོ་དང་ཞང་པོ་གཉིས་ཡོད་པ། ང་ལ་དང་པོ་ནས་སྐྱོན་འདི་ལྷུ་བུ་ཡོད་ནས་
ཁྱེད་མགོ་བསྐོར་བ་མ་ཡིན་ཏེ། ནད་འདི་སྦྱོ་བར་དུ་བྱུང་བ་ཡིན་པས། དང་
འགྲོ་བ་ཡིན་བྱས་པར་ཡོན་བདག་མོ་དེ་བརྒྱལ་བ་ཚམ་དུ་སོང་། ཞང་པོ་ན་རེ་
བླ་མ་ཡལ་མ་བྱུང་གི་བར་དུ་བཞུགས་པར་གྲོས་སུ་མཆོད་ཟེར། དེ་ནས་ཡར་
ཕྱིན་པ་དང་ད་ནི་སུས་ཀྱང་མི་ཚོར་བའི་ལྷ་ཕྱག་ཅིག་ཏུ་རྣམ་ཤེས་འདི་འཕོ་
དགོས་དགོངས་ནས་རྫོ་པོ་ཕྱགས་རྗེ་ཆེན་པོའི་སྐུ།།

暗道：「我不僅是帕摩竹巴上師的弟子，而且還有著『成就者』的美名，染上這種難治的惡疾，實在是丟盡了上師的臉，敗壞同門金剛師兄弟、施主和康巴人的清譽。既然我不幸得了這種無藥可救的怪病，去哪裡都不會自在踏實，只會受人責罵和唾棄。若我去丹薩梯寺轉繞舍利塔，會被說帕摩竹巴上師的弟子怎麼變成了這副模樣，進而敗壞上師的清譽；若我去堪布尚的住處，他只能給我5斗青稞和一天的口糧；若我去投奔到紫龍巴上師的寺院，他會擔心我把這奇怪難治的惡疾傳染給他，只會給些銀兩、送些衣食到門外。」如今看來，已經沒有什麼地方可去、無處投奔，於是祖師回到耶瓊浦。

但喇嘛耶不在，只有一位女施主和舅舅在家，祖師告訴他們：「本來身體無恙，也沒有任何病痛的跡象，但是有一天突然就染上了這奇怪又無藥可救的惡疾，我不想刻意隱瞞你們。」女施主一聽，就昏厥過去不省人事。那位舅舅便勸說：「你先等喇嘛耶回來再作打算，在他沒有回來之前，你最好留在這裡。」心灰意冷的祖師聽不進任何勸告，只想獨自一人到一個人跡罕至、無人知曉的山洞裡以破瓦法遷移神識。

རྗེ་གོང་མའི་རབ་གནས་བརྒྱ་ཕྲག་བཞུགས་པ་ཡོད་པར་རྗེ་བོར་ཕྱི་ཕྱག་
འཚལ་རྒྱ་བརྗེད་འདུག་ན་ཚུར་ཕེབས་ནས་ལུས་ཐམས་ཅད་ས་ལ་ཐབ་པའི་
ཕྱག་འགའབ་བཙལ་བའི་དུས་སུ་སྐྱབས་དེར་རང་ལ་ཐུགས་སྨུག་ཆེན་པོ་བྱུང་སྟེ།
རང་ལ་ཁམས་མ་བདེ་བ་ནི་བྱུང་། འཚོ་བའི་ཐབས་ནི་མེད། ད་ཕྱིར་འགྲོ་བས་
ས་ཆེན་པོ་འདི་ཡི་སྟེང་ནས་ང་ལས་ཕྱུག་པ་མེད་སྙམ་མོ།། ཟོན་ནས་སེམས་ཅན་
ཅི་འདྲ་བ་སྙམ་པ་ལ། རང་བས་སེམས་ཅན་གཞན་པ་ཕྱུག་པར་འདུག་པས་
འགྲོ་བ་རིགས་དྲུག་གི་སྡུག་བསྔལ་ནི་མཚོན་དུ་གྱུར། ཚད་མེད་པའི་ཐུགས་རྗེ་
ཆེན་པོ་ནི་འཆོན། སྒྱུན་ཆབ་རྒྱ་ལྟར་ནི་བབས། བདག་སེམས་ཅན་ཐམས་ཅད་
ཀྱི་མགོན་དང་སྐྱབས་དང་གནས་དང་དཔུང་གཉེན་དམ་པར་གྱུར་ཅིག ཅེས་
སྨོན་ལམ་ཡང་ནས་ཡང་དུ་བཏབ་པས། རྐྱིའི་བསྟུང་དེ་ཞབས་ཀྱི་མཐིལ་ནས་
མར་ནུ་རུ་རུ་འགྲོ་བར་མཚོན་སུམ་གྱི་གཟིགས་སོ།།

ཡང་འདི་བདེན་ནམ་མི་བདེན་ནམ་སྙམ་ནས་བཞག་པས་རང་སོར་
འདུག་གོ །ཡང་བསྒོམས་པས་ལྷ་མ་བཞིན་དུ་འདུག་སྟེ་དཔེར་ན་ཕྱིང་གི་ཐལ་
བའི་ཕུང་པོ་ལ་རྐྱང་གིས་བརྒྱབ་པའམ། གཏོལ་བཟང་པོས་ཞིང་ནུ་རུ་རུ་རྨོ་བ་
ཙམ་དུ་ཐན་ནོ། །དེ་ཡང་དགུན་སའི་ཁོག་ནས་འབྲུག་སྒྲ་དེ་རེ་རེ་བྱེད་ཅིང་།
ནམ་མཁའ་ནས་ཀྱུང་ཁྲ་འཕངས་དྲག་པོ་བབས། ང་ལ་གྲགས་པ་འདི་འདྲ་བ་
ཞིག་ཡོང་བར་གདའ་གསུངས་པ་མཚོན་བྱེད་དུ་དབུ་མཐོངས་སུ་འབྲུག་ནག་
པོ་ཤུག་ལག་བཞི་བ་(༡༣)སྒྲ་སྒྲོགས་བཞིན་པ་འདི་བྲིས།

要上山時，祖師忘了先去頂禮那尊帕摩竹巴上師已開光過百次的觀音菩薩雕像，於是折返。當祖師頂禮時，想到自己身染怪疾，在這世上應該沒有比自己更可憐的人了，但又一轉念，想到輪迴中隨波逐流的芸芸眾生，覺得自己的痛苦就是滄海一粟，微不足道。他們一個個感受著沉重悲慘的痛苦，承受著六道中難以忍受的苦楚，上天無路，入地無門。祖師心中產生難以遏制的無量慈悲之心，五內俱焚，淚如泉湧，真摯懇切地一遍又一遍迴向發願，希望自己能夠成為眾生慈悲的怙主、皈依處、避風港、綠洲和親友。突然間，祖師的雙腳腳底忍不住蠕動起來，定睛一看，發現是體內的惡疾正從腳底黑壓壓地流了出來。

祖師心想到底發生了什麼事，於是雙腳稍微移動了幾下，一如之前，惡疾不斷地從腳底黑溜溜地向外流出。祖師進而繼續觀修慈悲心，惡疾又大量流出了體外，病去如抽絲，就像大風刮走炭灰般平復如故。霎時，雷聲陣陣，響徹雲霄，空中降下大量霰雪，白皚皚一片。祖師觀後說道：「我的名聲將會像這雷聲一般，名滿天下，無人不知，無人不曉。」因此，畫中無量宮殿的房檐上，口吐火焰、張口咆哮顯露威武的四爪黑龍（圖標13），象徵著覺巴吉天頌恭

དེ་དུས་ནད་བདག་སྐྱལ་དང་སྐྱལ་སྟོང་། ཀྲི་བ་སོགས་སྐྱང་གཞིའི་
གདོན་དག་ཞབས་མཐིལ་ནས་ཕྱིར་དོན་སོང་བའི་དགོངས་པ་བྱུང་། དེ་ཉིན་
སྐྱང་ལས་གྲོལ་ཡང་། གཞན་དག་ཡིད་མི་ཆེས་པ་དགོངས་ནས་མགྱུར་གསུངས་
པ་འདི་ལྟར།

ཞག་གསུམ་དོ་བཞིའི་ནངས་པར་ན།།
མི་ཁོ་བོའི་ལས་ངན་རང་སར་དག།
རྣལ་འབྱོར་གྱི་དབང་ཕྱུག་ཅིག་མིན་ནམ་སྙམས།།

ཞེས་པ་ཞག་གསུམ་དང་། ཉིན་བཞི་པའི་ཉི་མ་དྲོས་བབ་ཙམ་ན་སྐྱང་
གཞི་སད་དག་སུ་བྱུང་ཞེས་གསུངས་ནས་སྟོམ་མེད་ཀྱི་རྣལ་འབྱོར་ཆེན་པོ་
མཛོན་དུ་གྱུར་ཏེ་ཐར་པའི་ས་ལ་གཞིགས་སོ།།

祖師這一神奇慈悲的事蹟。

當時，覺巴吉天頌恭祖師清楚地感知到，惡疾的宿主以蛇、青蛙、蝌蚪和老鼠等形狀，跟著黑壓壓的病痛從腳底汩汩流出體外。當天，祖師的身體完全恢復如初，沒有任何異樣，但唯恐別人不信，祖師便隨性唱了一首道歌：

　　　　三天過後第四日暖晨，
　　　　已身惡業已於本處淨，
　　　　自忖豈非瑜伽自在者！

這道歌是說，三天過後，當第四天的太陽升起、得到溫暖的時候，病痛就完全消失。以上是覺巴吉天頌恭祖師以精進修行，現前無修大瑜伽境界，保任心性，趨入解脫大道的功德事蹟。

ཤར་ལྷོ་དྭགས་ལྷ་སྒམ་པོའི་ཡིང་ཚོ།

東南方的達拉岡波

(1) ལྷ་ཆེན་གནས་པོ། 乃波巴拉山神

(2) ལྷ་སྲས་ཉི་ཟླ་བཟུང་བ། 手拿日輪的天子

(3) ཤ་བ། 鹿

(4) བྱ་རྒོད། 鷹鷲

(5) རྣམ་སྲས། 多聞天王

(6) ལྷུང་བཟེད། 鉢盂

(7) ཡར་ལྷ་ཤམ་པོ། 雅拉香波山神

(8) སྒམ་པོ་པ། 岡波巴大師

(9) རྣམ་སྣང་། 大日如來

(10) ཛཾ་ལ། 贊巴拉財神

(11) ལྷ་བཤོས། 多瑪

མཛད་པ་ལྷ་པ།
ཐར་ལྷོ་དྲུག་གས་ལྷ་སྐལ་པོའི་ལིང་ཚོ།

ཙ་ཚིག

ཐར་ལྷོ་ཏིང་འཛིན་ཞི་བའི་རི་བོ་ལ།།
སྨྲེན་མཚམས་སྲུང་མཛད་སྐྱུན་སེལ་འོད་ཟེར་བཀྱེ།།
ཕོངས་པའི་དབུལ་སེལ་ནས་མཁའ་མཛོད་ལྷ་བྲ།།
ཡིད་བཞིན་ཚར་རྒྱུན་འབེབས་ལ་ཕྱག་འཚལ་ལོ།།

རི་མོའི་འགྲེལ་བཤད།

དཔལ་འབྲི་གུང་ཕྱ་སྐྱོབ་པ་འཛིག་རྟེན་གསུམ་གྱི་མགོན་པོ་དེ་ཉིད་
ཐག་གྲུའི་གདན་ས་ལོ་གསུམ་བསྐྱངས་པའི་རྗེས་སུ་ཉིན་ཞིག་ལ་འོད་གསལ་
གྱི་དང་ནས་རྗེ་ཕག་མོ་གྲུ་པའི་ལུང་བསྟན་བྱུང་སྟེ། ཁྱོད་ལ་ཟ་འོག་གི་འབོལ་
ཚེན་པོ་ཅིག་འདུག་པ་འདི་གཞན་ལ་གཏོང་ལ། ཁྱོད་རང་གནས་གཞན་དུ་
སོང་ཞིགས་གསུངས་པས། ནངས་པར་གདན་ས་བ་རྣམས་བསྱུས་ནས་བསྟེན་
བགྱུར་རྒྱུ་ཚེན་པོ་བྱས་ནས་ཀ་ཅ་ཐམས་ཅད་སྟོང་དག་བྱས། གདན་ས་ཁྱེད་
རང་རྣམས་ལ་གཏད་པ་ཡིན་བྱས་ནས་འཐུང་ཕྱར་ཐོས་ནས་ཕྱིན།

事蹟五
東南方的達拉岡波

偈　言

東南寂靜三摩地山上，
眉間放出除暗大光芒，
猶如虛空寶藏除貧窮，
能降如意雨者我頂禮！

【圖文解說】

　　覺巴吉天頌恭祖師住持帕竹丹薩梯寺3年後的某一天，在祖師夢光明境界中出現了帕摩竹巴上師，並獲得未來授記說：「你身下那舊綢緞做的墊子交給別人吧，你應該去其他的地方。」第二天一大早，祖師便聚齊所有的僧眾設齋進行廣大供養，把自己所有物資悉數供養給僧眾，並且告訴他們，他要把丹薩梯寺住持之位交給他們，隨即於當晚就離開了寺院，來到菖蒲。

དེར་པ་རྡོ་རྡོ་རྗེ་རྒྱལ་མཚན་དང་ནགས་ཁོད་མཁན་པོ་གཉིས་བྱུང་
ནས་ནགས་ཁོད་མཁན་པོ་ན་རེ། གཞུ་སྟོང་ཏེ་སྟྲོ་བྲག་དཀར་དང་ཞེ་བའི་ས་
འབྲི་གྱུང་ཞེས་བྱ་བའི་ལྱུང་པ་མི་མེད་དབེན་པའི་གནས་ཤིག་ཡོད། དེ་ན་
སྨྲ་མ་མི་འཇག་གྱོངས་པ་ལ་བརྟེན་ནས་མི་འཇག་རལ་གྱི་བས་མི་བསད་པས་ས་
འཚོག། ད་མིས་བཙོག་ལྷ་བ་མིན་ན་དེར་ཕྱིན་ན་རྟ་འབུལ་བ་འོང་ཟེར་རོ།། ང་
ལ་རྟ་དགོས་པ་མེད། དབེན་གནས་བྱུང་ན་ལེགས་གསུང་།

དེར་སྐྱབ་པ་ཞིག་བྱ་སྐྱམ་ནས་ཡོད་པའི་རུབ་མོ་གནས་པོ་བར་སྐྱས་
ཏེ་སྐྱོབ་པ་རིན་པོ་ཆེས་རྒྱུང་དུའི་དུས་གསོས་པའི་སྐྱས་གཉེན་བློན་བྱ་བའི་བོན་
པོ་ཞིག་ཡོད་པར་སྐྱལ་ནས། སྐྱག་སྟོག་ཅིག་གོན་ང་བཅུང་ཞིང་བསུ་བ་བྱས་ཏེ།
འདི་ལ་ཚོགས་སུ་བཅད་པ་ཡང་།

      མགོན་པོས་བསྐུལ་ཚེ་འཕྱང་ཕུར་ཕྱིན་ཙ་ན།།
      གདུག་པའི་ལྷ་ཆེན་གནས་པོ་བར་ལྷ་ཡིས།།
      ང་ཆེན་བཅུང་ཞིང་ཐོག་མར་མཚོན་བྱས་ནས།།
      བྱང་ཕྱོགས་ལྷ་ཀླུ་རྣམས་ཀྱིས་སྤྱན་འདྲེན་བགྱིས།།

གསུངས་པས་གནས་པོ་བར་ལྷ་དང་། བྱང་ནས་ར་དང་གཞན་ཆེན་
པོ་ཐང་ལྷ་སོགས་བྱང་ཕྱོགས་ཀྱི་ལྷ་ཀླུ་རྣམས་ཀྱིས་བསུ་བ་བྱས་ཤིང་སྐྱན་
དྲངས། དེ་མཚོན་བྱེད་དུ་སྐུ་མདུན་གཡས་ཕྱོགས་སུ་ང་བཟུང་ནས་འདུག་པ་
འདི།

在菖蒲，祖師遇到帕覺多吉嘉稱和納修堪布，納修堪布對祖師說道：「雪堆狄卓白色岩石的附近，有一片風光秀麗、景色宜人的寂靜之地，名為直貢。不過，因為彌釀喇嘛在此圓寂，且曾經發生過血腥的爭鬥，此地一直被人們所忌諱。如果您不避諱，去那裡修行，將會得到駿馬等豐富的供養。」祖師一聽，說道：「我不需要駿馬等豐富的供養，而是適合修行的寂靜之地。」

當晚，覺巴吉天頌恭祖師還夢見乃波巴拉山神，山神變成小時候對祖師有過養育之恩、名為貝星隆的一位苯教徒的形象，身披一張虎皮、手擊著法鼓來迎接祖師。對此，有一首偈言：

> 護法勸請來到菖蒲時，
> 凶惡大神乃波巴拉尊，
> 力擊大鼓先行示意後，
> 北方天龍部眾恭迎請。

當時乃波巴拉山神、強南拉神、念青唐古拉山神等北方一帶的天龍山神們擊鼓奏樂，用特別的儀式及輕歌曼舞歡迎祖師的到來。壁畫中，站在覺巴吉天

གནས་པོས་སྐྲག་སྐྲོག་ཕྱིན་ནས་ང་ཆེན་བཟུང་བ་(༡) བྲིས་སོ།།

དེ་ནས་སྐྱིད་ཕོད་གསང་ཕུར་ཕྱིན་སྐྲབས་ཡུན་རིང་གནས་ནས་བྱུང་
བར། ཐམས་ཅད་ཀྱིས་གནམ་ཐང་བའི་གསོལ་བ་འདེབས་པ་བྱུང་ནས། འོ་ན་
ཐམས་ཅད་ཀྱིས་སྐྱོམས་ཤིག་གསུང་ནས་ཏེང་དེ་འཛིན་ལ་བཞུགས། པྱིསྐྱོབ་
པ་འཁོར་བཅས་གང་དུ་ཕྱིན་ཡང་དེ་དུ་ཉེ་མ་ཚ་ཆིལ་ལེ་བྱུང་བས། སྐྱ་རྒྱབ་
གཡས་སྟེང་གི་ནས་མཁར་ཕྱིང་བ་དེ་སྟྱའི་བུ་ཉེ་མས་ཕྱག་ན་ཉི་མ་བཟུང་བ་
(༢) མཚོན།

དེ་སྐྱབས་ཡུལ་དེའི་ལྷ་བཙན་ཞིག་གིས་ཏུ་བར་སྐྱུལ་ནས་བསྐོར་བ་
བྱེད་སྐྱབས་སྐྱོམ་བཏབ་པ་དང་། དེ་བཞིན་དུ་སྐོད་ཅིག་སྟེང་སྐོར་བྱུང་བར་དེ་
ལའང་སྐོམ་བཏབ་པས་ཐེབས་པའི་སྐད་གྲགས་བྱུང་བ་དེ་མཚོན་བྱེད་དུ་སྐུའི་
གཡས་ཕྱོགས་སུ་ (༣) ཤ་བ་དང་། དབུ་མཐོངས་སུ་བྱ་རྐོད་ (༤) བྲིས་སོ།།

མདུན་འོག་ཏུ་ལག་གཡོན་ན་ཞིའུ་ལེ་དང་གཡས་ན་མདུང་དར་ཐོགས་ནས་
མར་འདུག་པ་དེ་ནི་རྗེ་ཐག་མོ་གྲུའི་གདུང་རྟེན་བཀྲ་ཤིས་སྐྲོ་མང་ལྷ་ཉིས་སྐྲོང་
བཅུད་བརྒྱ་དེ་བཞིངས་དུས། དངོས་སུ་ལྱུང་བསྐྱན་ནས་ཞབས་ཏོག་བགྱིས་
པའི་རྒྱལ་པོ་རྣམ་ཐོས་སྲས་ (༥) ཡིན་ནོ།།

頌恭祖師右側，身披斑斕虎皮、手擊法鼓的就是乃波巴拉山神（圖標1）。

　　祖師一行人來到吉秀桑普時，當地雷電交加，長期大雨滂沱，洪水氾濫成災，村民們叫苦連天。他們不約而同來到祖師座前，祈求祖師能夠施法停雨。祖師告訴他們，既然想要大雨停歇，就請你們認真觀修並坐禪吧！說完，祖師便安住禪定，進入三摩地。此刻大雨突然停止，不再成災。而師徒所到之處，如日正中天，明媚的陽光傾灑在大地上。畫中覺巴吉天頌恭祖師身後右上方，騰雲駕霧、在祥雲中手拿日輪的天子（圖標2），象徵著祖師這神奇的功德事蹟。

　　當時，本地的土地神搖身變化成鹿，恭敬轉繞祖師時，祖師對其以禪定示法；同時，還有一隻鷹鷲盤旋於上，祖師也對其以禪定示法。這兩隻動物因此獲得了禪修境界。壁畫中，覺巴吉天頌恭祖師畫像的右側和頭頂，分別畫有一頭鹿（圖標3）和一隻鷹鷲（圖標4）。

　　祖師畫像正下方，右手持旌旗（寶傘）、左手握神鼠（吐寶鼠）的人物是多聞天王（圖標5）。祖

ཉིན་ཞིག་ལ་སྐྱོབ་པའི་དངོས་སློབ་དཔལ་ཆེན་ཆོས་ཀྱི་ཡེ་ཤེས་རྒྱ་གར་དུ་རྒྱ་འཕུལ་གྱིས་ཕྱིན་ཞིང་། ཨ་ཏུ་ར་སློན་པ་ལྷུང་བཟེད་གང་བསྐམས་ནས་ཕྱིན་པ་མཚོན་པར་བྱེད་པའི་ལྷུང་བཟེད (ཤ) ཨ་ཏུ་རས་བཀང་བ་ཡིན།

དེ་ནས་འགྲེ་གྱིང་སྐྱོབ་པ་སྟོ་ཁ་ཤམ་པོའི་གནས་མན་ཆད་མ་ཐོ་དམན་ཐམས་ཅད་དུ་བྱོན། ཐང་པོ་ཆེ་ལས་གདན་དྲངས་ནས་སྟོན་མོའི་འབུལ་བ་རྒྱ་ཆེན་པོ་དང་ནས་ཀྱི་འབུལ་བ་མང་པོ་བྱུང་། ཐང་པོ་ཆེ་བའི་འབྲོགས་པ་ཡང་ཞི། སྤྱར་མེད་པའི་ས་ལས་རྒྱ་ཡང་ཐོན།

གཡས་ཟུར་དུ་ཡོད་པ་འདི་ཡར་ལྷ་ཤམ་པོ་ཉིད་ཀྱིས་གོས་དམར་པོ་བྱོན་ཏེ་ལ་ཐོད་ཕུད་དེ་མར་འདུག་ནས་རིན་པོ་ཆེས་བཀང་བའི་སྟོང་ཕུལ་བའི་ཚུལ (༡)ཡིན།

དེ་ནས་དགས་པོར་བྱོན་དུས་ཕུལ་དེར་མུ་གེ་ཆེན་པོ་བྱུང་སྟེ། གསེར་ཞོ་རེ་དང་ནས་བྲེ་བདུན་རེ་བརྗེ་བ་དང་། མི་ཤ་ཟ་བའི་གནས་ཚུལ་ཡང་བྱུང་ཟེར། སྐྱབས་དེར་སྐྱམ་པོ་ཐང་ལུང་དུ་བླ་བ་གསུམ་སྐུ་མཆོམས་མཇ໋ད་ནས་ཏིང་དེ་འཛིན་ལ་བཞུགས་སྐབས། རྒྱ་འབག་ཁོད་ཟེར་ཅན་དེའི་སྟེན་མཆོམས་ནས་ཁོད་ཟེར་བཀྱེ་བར་མཇད་པས། དགས་པོའི་ལུང་པ་ཐམས་ཅད་ཞིག་བདུན་གྱི་རིང་ལ་ཉིན་མཚན་ཁྱད་མེད་པ་ལྟ་བུ་བྱུང་།

師在建造帕摩竹巴上師吉祥多門佛塔（扎西郭芒）時，塔內有2800尊佛像，由多聞天王授記和資助。

有次，覺巴吉天頌恭祖師的弟子白欽曲吉益西以神通遠赴印度，回來時帶著盛滿鉢盂的訶子供養祖師。見畫中盛滿訶子的鉢盂（圖標6）。

之後，祖師前往山南包括香波雪山一帶地區，並接受唐波切地區邀請，供養了豐盛的齋飯和大量青稞。祖師也為唐波切地區平息了內亂，大地湧出前所未有的泉水，利益村民，世受恩澤。

坐在覺巴吉天頌恭祖師畫像的右側，身穿紅色袍子，脫下帽巾，供養盛滿珠寶飾物器皿的人物是雅拉香波山神（圖標7）。

此後，覺巴吉天頌恭祖師來到達波，當時達波一帶大饑荒，出現7斗青稞高出1兩黃金的天價。據說當地哀鴻遍野，餓殍遍地，民不聊生，在走投無路之際還出現了吃人肉的現象。於是，祖師前往岡波桑隆閉關修行3個月，安住三摩地之中，從岡波巴大師塑像的眉間放射出耀眼的光芒，照射了達波一帶7天7

དེར་རྐྱུ་འབག་གི་མདུན་དུ་ང་ཚོ་ཆ་བཅུག་ཆར་ཕོབ་གསུང་པས། ཆར་ཆེན་
པོ་ཕབ་ནས་དགའ་པོའི་ཡུང་པར་ལོ་ལེགས་ཕུན་སུམ་ཚོགས་པར་བྱུང་། དེ་
མཚོན་བྱེད་དུ། གཡས་ཟུར་གྱི་རྐྱུ་འདི་རྗེ་སྐྱམ་པོ་པའི་རྐྱུ་འབག་འོད་ཟེར་ཅན་
མ་ (༢) ཡིན།

རྗེ་སྐྱམ་པོ་པའི་དབུའི་སྟེང་དུ་བཞུགས་པའི་རྐྱུ་ཀྱུང་དུ་འདི་ནི་རྣམ་
སྣང་གི་རྐྱུ་འོད་ཟེར་ཅན་མ་ (༡)དང་། ཤོར་གྱི་དབང་ཕྱུག་ཏ་སྐྱ་ལས་གཙོས།
ལྷ་ཀླུ་གནོད་སྦྱིན་མིའི་ཚོགས་ཀྱི་རྫས་ཡོ་བྱད་དཔག་ཏུ་མེད་པ་སྐྱམ་པོ་ཟླས་
ཡུང་བྱུང་གྱིས་བཀང་བ་ལྷ་བུ་ཕུལ་བ་མཚོན་བྱེད་དུ་འདི་རྫས་ལ་ (༡༠) ཡིན།

དགས་པོ་འདུལ་འཛིན་གྱིས་སྐྱམ་པོར་གདན་དྲངས་ཏེ་ཆོས་ཞུས།
གསེར་གི་ཕྲིང་བ་ཕུལ་ཟེར་ནས། གསེར་ཞོ་བརྒྱ་སྐྱུང་པ་ལ་བརྒྱས་ཏེ་ཕུལ།
སྐྱམ་པོའི་གདན་སའང་ཕུལ། དེ་ཡང་(རྒྱལ་རབས་དེབ་ཐེར་སྟོན་པོ་)
ལས། གདན་ས་དངོས་སུ་མ་མཇད་ཀྱང་། དགས་པོ་འདུལ་འཛིན་ལ་འབུལ་བ་
ཆན་པོ་ཆེ་དང་བཅས་གདན་ས་དེ་ཕྱེད་མིན་པས་མི་འབྱོངས། ཕྱེད་ཀྱིས་ཆེས་
ཀྱང་སྐྱོང་བར་ཞུ་བྱ་བའི་གསུང་དང་། རྗེ་འབྲི་གུང་པས་ཊ་པོ་བྱ་དམར་རྫུང་
ཞབས་ལ་སོགས་པའི་གཙུག་ལག་ཁང་རྟགས་པའི་ཆ་རྐྱེན་མང་དུ་གནད།[7]
ཞེས་བྱུང་།

7 རྒྱ་གར་པཎ་ཆེན་གྱི་རྣམ་ཐར་རོ་མཚར་མཛེས་ཞལ་གྱི་ཕྲེང་ ༥༧༡ ནང་དང་། དཔའ་པོ་གཙུག་ལག་ཕྲེང་བའི་ཆོས་འབྱུང་མཁས་པའི་དགའ་སྟོན་གྱི་ཕྲེང་ ༥༡༤—༢༢ ནང་དུ་གསལ།

夜，猶如白晝。畫中，覺巴吉天頌恭祖師畫像左側的塑像，就是那尊周身閃爍光芒的岡波巴大師塑像（圖標8）。

　　祖師在岡波巴大師雕像前說道：「請降下大雨吧！不要讓我出醜。」語畢，隨即下起大雨，當地豐收吉祥。在壁畫中，岡波巴大師頭頂上的小畫像就是大日如來（毗盧遮那佛）（圖標9）。富貴之王贊巴拉財神為主的天龍、夜叉等財神也為岡波桑隆地區帶來了豐富財富，畫中的贊巴拉財神（圖標10）象徵著覺巴吉天頌恭祖師的這一功德事蹟。

　　達波的著名持戒者迎請祖師到達波寺傳授佛法並開示正法，並說要供養祖師一串黃金念珠，於是把共有8兩黃金的碎金串在一根線上，恭敬供養祖師，又說要把寺院一併供養給祖師。著名史冊《青史》中記載：「（祖師）後來沒有親自主持寺廟，並對這位供養了豐富廣大供養品的達波持戒者說：『除了您，誰也沒有能力主持這樣殊勝的寺院，您一定要親自地好生護持，繼續發揚光大，傳承教法。』直貢巴尊者還供養了一批彪悍駿馬等許許多多的供品，作為擴建佛堂的儲備物資。」

དེ་དུས་ཐན་པ་ཆེན་པོ་བྱུང་བས་ཕྱི་ཕུད་སྐྱུར་ནས་ཆར་འབེབས་ཞུས་པར། ཞལ་ཟས་མཆོད་དེ་སྐུ་འབག་འོད་ཟེར་མའི་དྲུང་དུ་ཕུལ་ཏེ་ཆར་ཕོབས་གསུངས་པར། དེ་ཕྱལ་ཆར་ཆེན་པོ་བབས་ནས་དགས་པོའི་ལྱུང་པར་བྱུང་མ་ཚྱོང་བའི་ལོ་ལེགས་ཕུན་སུམ་ཚོགས་པ་བྱུང་། དེ་མཚོན་བྱེད་དུ་གཞལ་ཡས་ཁང་གི་ཡང་སྟེང་བང་རིམ་གསུམ་པའི་གཡས་གཡོན་དུ་ལྷ་བཀོས་དང་། ཆར་པ་ (77) ཡང་བྱེས་པ་ཡིན་ནོ།།

དེར་དགས་པོ་སྟོང་སྣང་ཐམས་ཅད་དུ་གདན་དྲངས། བར་པོད་དུ་འཁྱག་ཆོང་ཀྱིས་མ་བདེ་བས། ཐྱགས་མ་བཟོད་པར་དཔོན་གཡོག་སུམ་བརྒྱ་ཚམ་བྱས་ནས་ཕྱིན། ཕལ་ཆེ་བ་བྱེ་མ་གསུམ་དང་། ལོ་ཀུ་ཐང་། ཐིང་མར་དུ་བཞུགས་ནས་མི་མཐུན་པའི་བཙན་པོ་གཉིས་ཀྱི་བར་དུ་འདུམ་མཛད་པས། ཕྱིས་ལོ་བཙོ་བརྒྱད་ཀྱི་རིང་ལ་འཁྲུག་པ་མ་བྱུང་། དེར་བསམ་ཡས་གཙུག་ལག་ཁང་གི་ཞིག་གསོའི་ཀྱི་ཆ་རྐྱེན་ཡང་བཞག་ནས་གསོས་པར་མཛད་དོ།།

當時，該地區出現了百年不遇的旱災，於是專門派人以糌粑粉做為供品供養祖師，祈求他能夠登臺修法，焚香求雨，消除旱災，解救人民於水火之中。祖師便立即取水加在那些糌粑粉中，捏成多瑪（食子），虔心供養周身閃爍光芒的岡波巴大師的塑像，祈求賜雨。祈禱完畢，霎時降下傾盆大雨，潤澤了萬物生靈，大地漸漸復甦有了生氣。當年在達波那一帶，收成大好，百姓富足。壁畫中無量宮殿第三層的屋檐左右，分別畫有多瑪和雨水（圖標11）[9] 。

　　此後，祖師的名聲不脛而走，達波上下一帶的每個地方絡繹不絕、競相前來邀請祖師，以求消災解厄，風調雨順。不久，在昂_木秀烽煙四起，民不聊生。覺巴吉天頌恭祖師生起強烈的慈悲心，於是帶著300多位學有所成的弟子，前去遊說雙方，從中斡旋。當時祖師主要住在奇瑪噶松、羅曲塘和亭瑪爾，奔走於雙方的營地之間，勸告兩位對立的王室，最終雙方化解了矛盾，得到長達18年的和平。而且，祖師還準備了大量的物資，用於重新維修桑耶寺的多座佛堂寶殿，在祖師的號召和努力下，此項工程也如期圓滿竣工。

9　見《印度班智達傳記・神奇的笑顏》第 861 頁和巴俄·祖拉陳瓦寫作的史冊《賢者喜宴》第 826 頁，第 23 行。

ཕྱོ་ནུབ་ལྷོ་རྒྱུན་གྱི་ཡིད་ཆོ།

西南方的鄔金

(1) ལྷ་མོ་ཞལ་ཟས་མ། (2) ལྷ་མོ་བདུག་སྤོས་མ། (3) ལྷ་མོ་མར་མེ་མ། (4) ལྷ་མོ་གདུགས་དཀར་མ། (5) ལྷ་མོ་མེ་ཏོག་མ། (6) ལྷ་མོ་རིན་བུམ་མ།

鉢食天女 　　　焚香天女 　　　燃燈天女 　　　持白傘天女 　　　散花天女 　　　持寶瓶天女

(8) ལྷ་མོ་མཆོད་ཡོན་མ།　(9) ལྷ་མོ་རྒྱལ་མཚན་མ།　(10) ལྷ་མོ་གཱནྡྷ་མ།　(11) ལྷ་མོ་རྡ་ར་མ།　(12) ལྷ་མོ་རི་ག་ཱུ་མ།　(13) ལྷ་མོ་པི་ཝཾ་མ།

供水天女　　　　　持幡幢天女　　　　篳篥天女　　　　持陶鼓天女　　　　觸天女　　　　琵琶天女

མཛོད་པ་དུག་པ།
ཚོ་རུབ་ཨུ་རྒྱན་གྱི་ཡིང་ཆོ།

རྩ་ཚིག

ཚོ་རུབ་ཚོས་ཉིད་བདེ་ཆེན་པོ་སྲང་དུ།།
དཔའ་པོ་དབང་ཕྱུག་མཁའ་འགྲོ་མ་རྣམས་ཀྱིས།།
ཕྱི་ནང་མཆོད་ཚོགས་རང་གི་སྙིང་པོ་ཕུལ།།
མི་འགྱུར་ཡེ་ཤེས་གྲུབ་ལ་ཕྱག་འཚལ་ལོ།།

རེ་མོའི་འགྲེལ་བཤད།

ཕག་གྲུ་གདན་ས་ཐེལ་གྱིས་ཚོ་རུབ་ཀྱི་མཚམས་སུ་ཨོ་རྒྱན་གྱི་ཡུལ་སྟེ། མཁའ་འགྲོ་མའི་ཚོགས་གནས་ཤིང་ཉིན་ཞིག་ཞང་ཚལ་པ་འགྲོ་བའི་མགོན་པོ་དང་། གཉུ་པ་དུས་གསུམ་མཁྱེན་པ། འབྲི་གུང་སྐྱོབ་པ་འཇིག་རྟེན་གསུམ་མགོན་བཅས་མཁའ་འགྲོ་མ་ཚོས་མཁའ་སྤྱོད་དུ་གདན་འདྲེན་པར་བཅམ་པ་ན། བླ་མ་ཞང་ཚལ་པས་མངོན་ཤེས་ཀྱིས་མཁྱེན་ནས་གསུངས་པ། འབྲི་གུང་པ་རྟེན་འབྲེལ་ལ་མཁའ་བརྟེས་པས་བཞུད་དེ་མི་མཆི། ངེད་གཉིས་པོ་འགྲོ་དགོས་པར་གདའ་གསུང་། དེ་ལྟར་བླ་མ་ཞང་དང་། དུས་གསུམ་མཁྱེན་པ་གཉིས་རྒྱུ

事蹟六
西南方的鄔金

偈　言

西南法性大樂宮殿中，
諸位勇士自在空行母，
敬獻內外諸供及心要，
頂禮不變智慧成就尊！

【圖文解說】

　　一天，在丹薩梯寺的西南方，有很多鄔金空行剎土的空行母降臨人間，為了迎請喇嘛香策巴‧卓威貢波、第一世大寶法王杜松虔巴和直貢覺巴吉天頌恭祖師到空行淨土。喇嘛香策巴當時說道：「直貢巴已能精通駕馭緣起法，應該不用前往，而我們兩人則應該前往。」正如喇嘛香策巴所預言，當年他和第一世大寶法王杜松虔巴便離開了人間。

གཉིས་པ། དུས་དེར་ལྔ་སྐྱོབ་པ་འཛིག་རྟེན་གསུམ་མགོན་ཐག་གྱུར་བཞུགས་ཡོད་པས།

ཉེན་ཞིག་གི་ཞོགས་པར་ལུ་རྒྱུན་གྱི་ཕྱོགས་ནས་ཐག་གྲུའི་གདན་སའི་བར། མཁའ་འགྲོ་མའི་ཚོགས་ཀྱིས་བསུ་སྟེང་བར་མ་ཆད་པ་ཞིག་བྱུང་བ་འདི་ལྟར་(༡) ལྷ་མོ་ཞལ་ཟས་མ། (༢) ལྷ་མོ་བདུག་སྤོས་མ། (༣) ལྷ་མོ་མར་མེ་མ། (༤) ལྷ་མོ་གདུགས་དཀར་མ། (༥) ལྷ་མོ་མེ་ཏོག་མ། (༦) ལྷ་མོ་ནོར་བུ་མ། (༧) སེང་ཁྲི། (༨) ལྷ་མོ་མཆོད་ཡོན་མ། (༡༠) ལྷ་མོ་རྒྱལ་མཚན་མ། (༡༡) ལྷ་མོ་འབར་ཟ་མ། (༡༢) ལྷ་མོ་ཇ་ཟ་མ། །(༡༣) ལྷ་མོ་རིག་བྱ་མ། (༡༤) ལྷ་མོ་པི་ཝཾ་མ། བཅས་ནས་སོ་སོའི་ཕྱག་མཆན་ཐོགས་ནས་མཆོད་པ་མཆོན་པ་ཡིན། ལྷ་མ་ཚལ་པའི་གསུང་དེས་ཀྱུན་བསྐུལ་བའི་རྐྱེན་ལྷ་བྲས། ལྔ་སྐྱོབ་པའི་སྐུ་དེ་ཉིད་མཁའ་འགྲོ་ཐམས་ཅད་ཀྱི་བདག་པོ་བཙོམ་ལྡན་འདས་དཔལ་དེ་རུ་ཀའི་སྐུར་ལམ་གྱིས་བསྒྱུར་བར་མཛད་པས། མཁའ་འགྲོ་མ་ཟིལ་གནོན་གྱི་ཕྱག་རྒྱས་དབང་དུ་འདུས་ནས། དེར་མཁའ་འགྲོ་མ་རྣམས་ཀྱིས་སེང་གེའི་ཁྲི་བཤམས་ཏེ། བཞུགས་པར་གསོལ་བ་བཏབ་པ་མཆོན་པ་འདི་སེངྒེ་ཁྲི་(༧) དང་། དེའི་གཡས་གཡོན་ནས་སྤྲེ་བཞིའི་མཁའ་འགྲོ་མ་རྣམས་ཀྱིས་མདུན་ནས་ཇ་ཡབ་གཡོབ་སོགས་བྱེད། གདུགས་དང་། རྒྱལ་མཆན། མེ་ཏོག །རལ་གྱི་ལ་སོགས་པའི་མཆོད་པར་བྱེད་པ་མཆོན་ནོ།།

祖師住在帕竹時，一天清晨，西南方的鄔金空行刹土有許多翩翩起舞、輕歌慢舞的空行母，排著長長的隊伍，整衣斂容，來到帕竹丹薩梯寺，列隊歡迎恭請祖師。其中有鉢食天女（圖標1）、焚香天女（圖標2）、燃燈天女（圖標3）、持白傘天女（圖標4）、散花天女（圖標5）、持寶瓶天女（圖標6）、威嚴獅子寶座（圖標7）、供水天女（圖標8）、持幡幢天女（圖標9）、罌粟天女（圖標10）、持陶鼓天女（圖標11）、觸天女（圖標12）和琵琶天女（圖13）。每位天女膚若冰雪，風姿綽約，各自拿著豐盛的供品輪流供養祖師。而喇嘛尚策巴的那一席話有如助緣般，霎時覺巴吉天頌恭祖師變成所有空行母的尊主—出有壞吉祥嘿嚕嘎的威嚴之身，並以調伏空行母的手印降伏了所有空行母。諸位空行母便開始鋪設高廣獅子寶座（圖標7），祈請祖師上座，廣演甚深大乘義理。祖師的左右圍繞四部空行母，雙手輕輕舞動並供養長柄風扇、傘蓋、幡幢、鮮花和寶劍等無量無邊的供品。

བྱང་ཕྱོགས་ཐང་ལྷའི་ཡུལ་ཚོ།

北方的念青唐古拉山神

(1) མེ་ཕུང་།
熊熊大火

(2) ལྷ་ཁང་།
廟宇

(3)
གཉན་ཆེན་ཐང་ལྷ
念青唐古拉山神

(4) གདུགས་འཛིན་པ།
持寶蓋的神

(5) ཕྱག་བྱེད་པ།
恭敬頂禮

(6) ལྷ་གདུགས
འཛིན་པ།
持傘蓋的神

(7) མ་ཧཱ་ཀཱ་ལ།
瑪哈嘎拉護法

(8) མེ་ཕུང་།
熊熊大火

མཚོང་པ་བདུན་པ།
བྱང་ཕྱོགས་ཐང་སྐྱའི་ལིང་ཚོ།

རྩ་ཚིག

བྱང་ཕྱོགས་བཀྲ་ཤིས་ཕུན་ཚོགས་ས་ཕྱོགས་སུ།།
ཆོངས་དབང་སྤྱར་བཅས་འཇིག་རྟེན་ཐམས་ཅད་ཀྱིས།།
ཞབས་དཔལ་སྤྱིས་སྣངས་མཆོད་སྤྲིན་རྒྱ་མཆོས་མཆོད།།
ཁམས་གསུམ་གཙུག་གི་ནོར་བུར་ཕྱག་འཚལ་ལོ།།

རི་མོའི་འགྲེལ་བཤད།

འབྲི་གུང་པ་སྐྱོབ་པ་འཇིག་རྟེན་གསུམ་མགོན་དེ་ཉིད་ནག་རྒྱ་ཁྱུལ་དུ་གནས་ཆེན་ཐང་སྐྱའི་གནས་གཟིགས་ལ་ཕེབས་སྐབས། ས་རབ་རིབ་ཀྱི་དུས་སུ་ཐུགས་རྡོ་མཆོར་བ་མང་པོ་བྱུང་སྟེ།

ཐོག་མར་ས་གཞི་ཐམས་ཅད་དུ་པས་ལིང་གིས་ལིངས་པ་ཞིག་བྱུང་བ་དང་། རྟ་པ་རྣམས་འདུས་པའི་རྟེས་ལ། ས་གཞི་ཐམས་ཅད་འབྲོང་གཡག་གིས་ལིངས་པ་ཞིག་བྱུང་། འབྲོང་གཡག་ཐམས་ཅད་འདུས་པའི་རྟེས་ལ་ས་གཞི་ཐམས་ཅད་མེས་ལིངས་པ་ཞིག་བྱུང་བ་དེ་མཚོན་པར་བྱེད་པའི་མེ་ (7) ཡིན།

事蹟七
北方的念青唐古拉山神

偈　言

北方吉祥圓滿地域中，
梵天帝釋天人世間眾，
頂戴足塵供養如海物，
頂禮三界頂髻之珍寶！

【圖文解說】

覺巴吉天頌恭祖師帶領一批弟子，前往那曲地區念青唐古拉山聖地，轉經拜佛。一天，天色將晚，出現很多神奇詭異及令人費解的事情。

一開始，看見大地被一些騎著高頭大馬的彪形大漢團團包圍，水泄不通；就當人馬聚攏時，霎時大地又遍滿野犛牛，馳騁奔來，橫衝直撞；當所有野犛牛聚集一處後，剎那間大地又被烈火團團圍住，火勢直沖雲霄，霹靂啪啦作響。壁畫裡畫有熊熊燃燒的大火（圖標1）。祖師一行人急忙逃到一處有水窪的高

དེར་སྟོན་པ་འཁོར་ཐམས་ཅད་ཅུའི་སྒྲིང་དུ་གྲོས། དེ་ནས་གཅིག་ན་རེ་ལྷ་ཁང་བྱུང་གི་ལྟོ་དེར་སྟོན་པ་ཞིག་བྱུང་ཟེར་བ་དེ་མཚོན་པར་བྱེད་པའི་ལྟ་ཁང་ (༢) ཡིན།

དེ་ནས་འཕྲུལ་པས་ངའི་སྐྱོམ་ནུ་འབྱེར་ཤོག ནུ་ཡི་ཐག་ན་རྗེ་ཐག་མོ་གྲུ་པའི་གདུང་ཅིག་ཀྱང་བཞུགས་ཡོད། དབུ་ནུ་གསོལ་ཏེ་ཡར་བཞེངས་པས། དེ་མ་ཐག་ཏུ་གཏན་ཆེན་པོ་མི་དང་མི་མ་ཡིན་གྱིས་ཉིན་ལམ་གཅིག་གི་བར་དུ་གྲལ་བསྒྲིར་བྱས་ནས། རང་རང་གི་མཆོད་པའི་ཚོགས་འབུལ་བར་བྱེད་པ་དང་། སྐུའི་གཡོན་ཕྱོགས་སུ་ལུས་མདོག་དམར་པོ་ལྟུང་གཡོག་ནག་པོ་གྱོན་པ་ཐོར་ཚུགས་ཅན། སྐྱེབ་པའི་རྐྱལ་ཁ་ཕྱོགས་པ་འདི་(༣) གཏན་ཆེན་ཐང་ལྷ་ཡར་ལངས་ཏེ་རོལ་མོའི་མཆོད་པ་འབུལ་བའི་གཟུགས་མཚོན་ཞིང་།

གཞན་ཡང་གདུགས་དང་རྒྱལ་མཚན། བ་དན་བླ་བྲེས་ལ་སོགས་པས་མཆོད་པའི་བཀོད་རིས་དང་། གླལ་བསྒྲིར་བྱས་པའི་བསུ་བའི་ནང་དུ་འགའ་ཕས་ནི་གཟུགས་ཆེ་ལ་རིང་བ་དང་། འགའ་ཕས་ནི་གཟུགས་ཆུང་ལ་ཕྲ་བ། གཡོན་མདུན་ཏོས་སུ་ཡར་ལངས་པ་དེས་རྒྱ་ཕུར་(༤)ཞིག་ཕུབ་པ་མཚོན།

མདུན་ཏོས་ནས་མདུན་ཆེན་ཐང་ལྷ་འཁོར་དང་བཅས་པས་ཕྱག་བྱེད་པ་(༥)མཚོན།

地，其中一位弟子高聲喊道：「快看！那裡有一座大鵬廟宇，門旁獨自站著一位出家師父。」壁畫中也出現了那座廟宇的畫像（圖標2）。

祖師開口說道：「快取出我的禪帽，裡面藏有帕摩竹巴上師舍利的強大加持力。」於是祖師起身戴起禪帽，在禪定淨相中看見遠處黑壓壓的一片，漫山遍野站滿了足足一天行程遠的長長隊伍，全是山神惡煞、鬼魅魍魎、非人鬼怪，手拿供品前來拜見祖師。壁畫中，侍立在主尊畫像右側、面向主尊，盤著髮髻，身形紅色，腰圍黑裙，手捧樂器並彈奏樂音供養祖師的人物，就是念青唐古拉山神（圖標3）。

此外，手拿傘蓋、幢幡、旌旗和旗幟等無量供養物，列隊前來迎接並拜見祖師的非人團體之中，有的高頭大馬、身強體壯，有的身材矮小、身細骨瘦、弱不禁風。為了展現這些不可思議的功德事蹟，壁畫中，覺巴吉天頌恭祖師畫像的右前方、畫有一位手持寶蓋的天神（圖標4）；祖師畫像下面則有念青唐古拉山神與嘍囉頭目一齊匍匐跪地、恭敬頂禮的畫面（圖標5）。

མདུན་འོག་ཏུ་ཡར་ལངས་པ་དེས་(༤)དབུའི་སྟེང་དུ་གདུགས་ཆེན་པོ་ཞིག་ཁྱབ་
པ་མཚོན་པར་བྱེད་པའི་གཟུགས།

དེའི་ཉེ་འཁྲིས་སུ་ལུས་ཀ་མདོག་ནག་པོ་ལག་ཏུ་རྒྱལ་མཚན་ཁྱུར་བ་
འདིས་ན་དྲ་ཀ་ལ་མཚོན་པར་བྱེད་ཅིང་། དེ་སྐབས་མགོན་པོ་ཕྱག་བཞི་པས་
ཀྱང་ཞལ་བསྟན་པ་དང་། ཕྱོགས་ཐམས་ཅད་ནས་ཞབས་འབྲིང་དུ་འཁྲངས་ནས།
འཕྲིན་ལས་བསྒྲུབས་པ་མཚོན་བྱེད་དུ་ན་དྲ་ཀ་ལ་ (༧) བྲིས་པ་ཡིན།

དེ་ལྟར་ཐང་ཆེན་དུ་མེ་དམར་སྟེག་སྟེག་ལྕུང་གིས་བསྐྱོད་དེ་ཚུར་བྱུང་།
ཡང་གངས་ཕྱག་ཏུ་འདུས་ནས་པར་སོང་བ་སོགས་དེ་དགོང་ནམ་བྱེད་པར་དུ་
བྱུང་།

དེ་མཚོན་བྱེད་དུ་མཐར་སྐོར་དུ་མེ་ཕུང་བྲིས་(༥)པ་དང་། སྐབས་དེར་
ཤ་སྐྱོབ་པ་སྟོན་འཁོར་ཕྱིན་ཉི་ཤུ་རྩ་ལྔ་ཡོད་པ་ལ། མི་གཅིག་གིས་མཐོང་ན་ཐུབ་
གཞན་རྣམས་ཀྱིས་མཐོང་ཚུལ་འདྲ་མིན་ཡང་འགའ་རེ་བྱུང་འདུག དུས་དེར་
སྐུ་ལུས་ཀྱི་བཀོད་པ་འདུ་མིན་བསམ་ཀྱིས་མི་ཁྱབ་པ་བསྟན་པར་མཛད་པ་ལ་
གནས་པོ་བར་ལྡ་དང་། སྐུ་མལ་གྱོ་གཉི་ཅན་སོགས་མི་མ་ཡིན་རྣམས་ཀྱིས་ཀྱང་
མཛོན་སུམ་དུ་ཚོས་ཙན་པ་སོགས་བྱུང་ངོ་། །

站立在祖師畫像正前方、手拿大傘蓋的天神（圖標6），也象徵著在祖師的頭頂之上，高擎寶傘，恭敬侍立，虔心供養的法行。在他旁邊身色黝黑、手持幡幢站立著的是護法瑪哈嘎拉（圖標7），他還發誓將永遠追隨覺巴吉天頌恭祖師，形影不離，秉持教法，護持事業。祖師還曾親自見到了四臂大黑天護法的威嚴忿怒之貌。

那晚，就地燃起了熊熊大火，紅焰騰騰，火光照千里，處處通紅；一陣風起，把那火颳得劈啪作響。忽然，火直接燒到了雪山的山洞之中，直至午夜時分，火勢才慢慢退去。

為了表明這些神奇的現象，壁畫中周邊畫上了熊熊大火（圖標8）。據記載，當時覺巴吉天頌恭祖師一行共有25位師徒，除了其中1人外，其他人都看到了當時祖師神變出不可思議的無量顯現，致使乃波巴拉山神和墨竹工卡神湖裡的威嚴龍王都親自來到祖師座前聆聽佛法，恭請教言，普潤心田。

ནུབ་བྱང་གནམ་མཚོའི་ཡིང་ཚོ།

西北方的納木措湖

(1)
དར་ཁ་འདུལ་བའི་སྐོར་བ།
覺巴吉天頌恭祖師

(2) མི་ཉག་རྒྱལ་པོ།
西夏國王

(3) ལྷ་ཚངས་པ།
大梵天

(5) ལྷ་བརྒྱ་བྱིན།
帝釋天王

(6) བརྒྱ་བྱིན་གྱི་བུ་མོ།
帝釋天王的女兒

མཐོང་བ་བརྒྱུད་པ།
ཉུབ་བྱུང་གནས་མཆོའི་ཡིང་ཆོ།

ཙ་ཚིག

ཉུབ་བྱུང་རྣམ་དག་འོད་གསལ་དཀྱིལ་འཁོར་དུ།།
བྱུང་འཇུག་ལྷུན་གྲུབ་འབབ་བའི་ཕྲིན་བས་བརྒྱན།།
ཐུག་ཏུ་གསང་སྔགས་རྡོ་རྗེའི་ཐབས་ཆིག་པས།།
གདུལ་དཀའི་གདུག་པ་འདུལ་ལ་ཕྱག་འཚལ་ལོ།།

རེ་མོའི་འགྲེལ་བཤད།

དེའི་དུས་སུ་འབྲི་གུང་ཤྐྱོབ་པ་འཇིག་རྟེན་གསུམ་མགོན་པག་གྲུ་གདན་སའི་ཉུབ་བྱུང་ཕྱོགས་སུ་གནས་པའི་ནག་ཆུའི་ཁུལ་བྱུང་གནས་མཆོར་བཞུགས་པའི་སྐབས། ལྷ་རྡོ་ཞིག་ལ་དགེ་འདུན་རྣམས་བསྐུས་ནས་དར་ལམ་མཐོང་དེ། ཚོས་གོས་དང་སྔམ་སྒུར་གསོལ། ལྕང་བཟེད་དང་བསོལ་ཕྱེད་བསྐྱམས་ནས་བགོད་སྟོམས་མཐོང། ཐབ་ཚོང་དུ་འབྱོར་བ་དང་མཁར་བསོལ་རྡོ་ཐེམ་པ་ལ་གཏུག་གཏུག་མཐོང་པས་གསོལ་ང་བ་ལྐམ་པོ་དར་གཞིན་གྱིས་ལྕང་བཟེད་སྐབས་དེ། འདུན་གྱི་ཞིག་ཐུར་མས་བཀང་ནས་ཕྱག་ཏུ་ཕུལ་བས་དགེ་འདུན་རྣམས་ལ་བགོ་བཤར་མཐོང།

事蹟八
西北方的納木措湖

偈　言

西北妙善淨光壇城中，
雙運俱生燄蔓為莊嚴，
恆以密咒金剛之方便，
降伏難調惡眾尊前禮！

【圖文解說】

那時，覺巴吉天頌恭祖師在位於帕竹丹薩梯寺西北方那曲的納木措湖，閉關修行。一天早上，祖師聚集所有出家僧眾，身穿法衣袈裟，手持鉢盂錫杖，通過結冰的湖面去托鉢。一行人來到伙房，祖師以手杖敲了幾下石階，燒茶員岡波達雄便接走鉢盂，然後用勺子裝滿青海丹都的糌粑，雙手恭敬供給覺巴吉天頌恭祖師。祖師接過後，又分給了在座的出家僧眾，一同共用食物。

ཞལ་ནས་ང་འདི་འདྲ་བ་གར་ལོག་གི་ཡུལ་དུ་སོང་ན་ཕོང་གི་ལྷ་
མཆོད་བྱེད་པ་ཡིན། གསུང་པ་འདི་ལ་ཚོགས་སུ་བཏང་པ་འདི་ལྟར།

བསྟན་པའི་དགྲར་གྱུར་སྟེ་ཆེན་དུ་ན་ཀུ(8)།།
རྒྱ་གར་ཁར་ནུབ་ཐམས་ཅད་འཛོམས་པར་བྱས།།
དགེ་སློང་དུ་མེད་དཀར་པོ་བྱམས་པའི་མཐུས།།
མ་རུངས་གདུག་པའི་ཚོགས་རྣམས་ཞི་བར་བྱེད།།

ཅེས་གསུངས་པས། དུས་དེར་རྒྱ་གར་དུ་དགེ་སློང་ཤ་མདོག་དཀར་པོ་
ལྡང་བཟེད་དང་བསིལ་བྱེད་བསྣམས་པ་ཞིག་བྱུང་བར་ཁྱོད་སུ་ཡིན་བྱས་པར།
ང་འགྲོ་གྱུང་པ་ཡིན་གསུངས། གར་བཞུད་བྱས་པས། གར་ལོག་ཏུ་ན་ཀུ་
འདུལ་དུ་འགྲོ་གསུངས། ཇི་ལྟར་འདུལ་བྱས་པས། བྱམས་པ་ཆེན་པོའི་ཏིང་ངེ་
འཛིན་ལ་མཉམ་པར་བཞག་པས་རང་འདུལ་ལ་འགྲོ་གསུངས།

དེ་མཚོན་བྱེད་དུ་གཡོན་ཕྱོགས་སུ་དགེ་སློང་ལྡང་བཟེད་དང་བསིལ་
བྱེད་བསྣམས་པ་(༡)འདིས་མཚོན།

8 ཁ་ཆེ་པ་ཚ་ཆེན་ཤཱཀྱ་ཤྲཱི་དཔལ་པོ་དོན་སྲུང་ཡེཤས་པ་རབ་བྱུང་གསུམ་པའི་སྤྱགས་ཆུ(༡༢༠༢)ལོར་དུར་ཀྱིའི་རྒྱལ་པོ་ཤ་ཏ་བྱ་
དན་གྱི་དམག་དཔུང་རྒྱ་གར་དུ་སྐྱེབས་ཏེ་རྒྱ་གར་མ་གྷ་དྷིའི་མཐའ་ཁོངས་ཡོངས་ཚོགས་དབང་བསྐྱར་བྱས་ཤིང་། ཞན་པའི་
གདན་ས་ཆེན་པོ་བི་ཀྲ་མ་ཤི་ལ་དང་ཨོ་ཏནྟ་པུ་རི་སོགས་བཅོམ་པའི་ལོ་རྒྱུས<<ཆག་ལོ་ཙཱ་བ་ཆོས་རྗེ་དཔལ་གྱི་རྣམ་ཐར>>དང་
མཁས་དབང་དགེ་འདུན་ཆོས་འཕེལ་གྱིས་མཛད་པའི<<གཏམ་རྒྱུད་གསེར་གྱི་ཐང་མ>>དུ་བྱུ་བ་བཅུ་གསུམ་པའི་ནང་གསལ་
བ་དེར་གཟིགས།

祖師說道：「像我這樣的人，如果去了突厥地區，也會成為當地君主的國師。」對此，有一首讚歎祖師的偈言：

> 與法為敵突厥之大軍，
> 摧毀印度東西之諸方，
> 白色無垢比丘以慈力，
> 能令凶惡諸眾得平息。

當時，雖然印度境內滅佛之勢席捲四方，但突然來了一位身色光滑潔白、手持鉢盂錫杖的比丘。

有人好奇地問他：「姓甚名誰？」
他卻回答：「我叫直貢巴。」
那人又問：「到此地有何目的？」
「我去突厥，要擊退突厥的百萬雄師。」
「你有何良策，怎麼擊退？」
「我將安住在大慈大悲的三摩地中，敵人將不戰自亂，退回突厥，不再犯境。」

為了彰顯祖師的這一顯赫功勞，壁畫中主尊畫像的右側，畫有一位身穿袈裟、手持鉢盂錫杖的比丘，即直貢覺巴吉天頌恭祖師（圖標1）。

དེ་ནས་མི་འཇིག་གི་རྒྱལ་པོས་[9]འབྲེ་གུང་པ་སྐྱོབ་པ་མཇལ་དུ་འོངས་ཏེ།
གོས་ཆེན་དང་གསེར་ཕྱལ་ནས་གསོལ་བ་བཏབ་པར། པ་སྐྱོབ་པས་ཏེན་འབྲེལ་
མཛད་པས།   མི་འཇིག་གི་རྒྱལ་ཁམས་ལོ་བཅུ་གཉིས་ཀྱི་བར་དུ་བདེ་བར་བྱུང་།
དེ་མཚོན་པར་བྱེད་པ་མི་འཇིག་གི་རྒྱལ་པོ་གོས་དམར་སེར་ཅན་(2)སྐྱོབ་པའི་
སྐུའི་གཡས་ཕྱོགས་སུ་མར་འདུག་སྟེ་མཆོད་པ་འབུལ་བའི་ཚུལ།

རྗེ་རིན་པོ་ཆེ་དེ་ཉེ་ལ་འབྱོན་པར་བཞེད་ནས་དཔལ་ཆེན་པོ་རྟོ་རྗེ་ཡེ་
ཤེས་ལ་མ་བཀད་ཅིག་པའི་བཀའ་རྒྱས་བཏབ་ནས་བཞག   དཔོན་སློབ་ལྷ་ཐུ་
གསུམ་དང་མཆོན་མོ་བྲོས་ནས་བྱོན་པ་ལ།   འབྲོང་བུ་ལ་རྩར་བྲ་ནག་ནང་པོ་
འཕུར་ནས་བྱུང་བ་དང་ཐུགས་དམ་མཛད།   ཕོ་ཞིག་བརྩིགས་ནས་ར་མདའ་
འོང་པར་འདུག་སྟེ། འདི་ཐག་ཆིངས་ཡིན་འདི་ཡན་ལ་བྱུང་ན་ང་རྒྱལ་འབྱོར་
བ་མིན་པའི་རྟགས་ཡིན་ནོ་གསུང་ངོ་།།

དཔལ་ཆེན་པོ་རྟོ་རྗེ་ཡེ་ཤེས་ཀྱི་དུད་པ་ཆེན་པོ་བཏང་བ་དང་། ཐང་བ་
མེད་པར་ཕྱག་བྱས་པ་དང་ཡིད་མ་ཆེས་ནས། རྟོ་བཙུན་རྒྱ་མཚོ་ཡང་དགོན་དུ་
ཕྱིན་པས་བཞུད་པར་ཚོར་ཏེ།   དུང་བྱས་ནས་དགེ་འདུན་བསྒུགས་ནས་ཐུག་རྩ་
བ་བཏུན་ཚུས་ཏུ་བཟོན་ནས་ར་མདའ་ལ་ཕྱིན་པས་རྟོ་བཙུན་གྱི་ཏུ་འཐེངས།
ཐམས་ཅད་མ་མཐུན་པ་ར་མདའ་མ་བྱུང་ངོ་།།

9 མི་འཇིག་རྒྱལ་པོ་དགུང་བ་ལི་ཤུན་ཞེས། རྒྱལ་རྒྱུད་ལི་ཡན་ཆུང་གི་སྲས། (1211)དགུང་ལོ་ཞེ་དགུ་པར་རྒྱལ་སྲིད་བཞུད་དེ་གོང་མའི་ཁྲི་ལ་དབང་བར་
གྱུར། ཅིན་སོགས་ལ་དམག་འཁྲབ་ཕྱེན་རིང་རྒྱ་གོང་མ་ཞན་ངན་ངས་མི་ཞན་ཚོ་གྱི་སྲིད་ཚུལ་གྱི་རྒྱལ་བསྐངས་ཞིང་མ་འདས་པར་རང་གི་ལུ་ཏེ།
ལུང་ལ་སྐྱོང་དུ་བཅུ་ནས་དགུང་ལོ་རེ་བཞི་པར་འདས་སོ།།

　　一次，西夏國王浩浩蕩蕩率領人馬，前來拜見覺巴吉天頌恭祖師，供養了大量的綾羅綢緞和黃金珠寶，向祖師祈求（西夏）國泰民安，風調雨順，社稷長存。祖師以善妙的緣起，使西夏國得到了長達12年之久的太平盛世。畫中身穿一襲紅褐色綾羅袍子的人物，便是西夏國王，他坐在覺巴吉天頌恭祖師的左側，恭敬供養，祈福求壽（圖標2）。

　　之後，祖師毅然決定前往岡底斯雪山，並吩咐貝欽波‧多傑益西不得向任何人提起祖師的行蹤，走漏任何消息。祖師留下他以掩人耳目，自己帶著弟子、3匹馬，趁著月黑風高時偷偷下山，前往岡底斯雪山。一路上饑餐渴飲，日升而行，日落而息。途經雪布山口時，飛來了一群黑鳥，盤旋空中。祖師便立即下馬壘起石頭做記號，並施以強盜套索法，然後說道：「如果追趕的人馬能越過此記號，那我就不是瑜伽師。」

　　貝欽波‧多傑益西回寺院後，生起非比尋常的大煙作煙供，並進行大禮拜。求尊嘉措來到寺裡一看，發現不見祖師蹤影，便立即吹奏海螺，聚集僧眾，帶領70個人馬不停蹄、不辭辛苦地追趕祖師。

དེ་དུས་ཀྱི་ན་བཟའི་ཆ་བྱད་ནི་སྐུ་ལ་ཕྱིང་པ་གསོལ། དབུ་ལ་ཐོད་ཀྱིས་
བཅིངས། ཞིབས་ལ་བཅིབས་པ་ས་ཚུབ་མའི་ནང་དུ་བཞུགས་པ་ཡིན། ཚག་ཙེ་
ལ་བར་ཚན་གསུམ་གྱི་དུ་བ་ལ་བྱོན་ནོ། དེར་ནས་སྟོད་དུ་ཡང་ཉེ། སྣགས་པ་
ཡང་ཆེ། མཐུན་རྐྱེན་ཡང་ལྡན་བས་མེད་ནས་སྟོབས་ནས་བྱོན་པ་ཡིན་ནོ་བྱས་
པས། བྱ་གྱོད་ལ་བསྒོམ་བཏབ་པ་དེ་ཨེ་ཡིན་ཟེར། ཡིན་བྱས་པ་ཐམས་ཅད་ཐེ་
ཚོམ་དུ་གྱུར།

དེ་ནས་འདམ་པ་ཡ་པོ་བྱ་བར་ཡོད་པ་དེ་གོང་དུ་གཙོང་གིས་ཟེར་
ནས་མི་རྣལ་མའི་ཉིན་ལམ་ལྔ་ལམ་ལ་ཉིན་ལམ་ཉེ་ཤུ་རྩ་ལྔ་བྱས་ནས་འགྲོ་
གྱུང་དུ་ཕྱིན་པ་ལ། སྐྱོབ་པའི་ཞལ་མ་མཇལ། ཉེ་གནས་ཤིག་ལ་འཕྲིན་དུ་
ཞག་དྲུག་ན་མཚམས་བྱེད། དེའི་བར་དུ་ཕྱགས་རྗེ་ཆེན་པོ་བསྒོམ་གསུང་ནས་
བསྒོམས་པས།

但這群人走沒多遠，求尊嘉措的馬受傷了，僧眾也因意見不合而折返。

當時，祖師騎著馬，身穿毛氈製作的衣服，頭上繫一條長布，夜行來到角紫山山頂路口時已經半夜了，風很大、環境條件也很差。祖師想向3家牧戶借住一宿，便報上姓名。有個人聽了覺巴吉天頌恭祖師的名字，問道：「您就是那位讓鷹鷲打坐的人嗎？」祖師點頭稱是，但那牧戶仍心生懷疑，不敢相信。

曾有一位名為檔巴亞波的當地人，不幸得了病，四處求醫，遍訪名醫，但病情都沒有起色。後來他聽到覺巴吉天頌恭祖師的名字，於是心生希望，不畏辛勞長途跋涉，一般人要走5天的路程，他跟蹌地走了整整25天才到達直貢梯寺。當他請求拜見覺巴吉天頌恭祖師時，侍者告訴他：「覺巴吉天頌恭祖師讓我轉告你，你要觀修6天大慈大悲觀世音菩薩。」當他認真觀修時，那一心想加害他、置他於死地的疾病宿主開口說道：「你不要再觀修觀世音菩薩了，觀修閻魔王貝瓦薩達多好！」他聽了立刻明白，大慈大悲的觀世音菩薩能降伏那個可怕的宿主，便開始日日夜夜，不分身心，勤加觀修，不敢怠慢。

བོ་ལ་གནོད་པ་བྱེད་པ་དེ་ན་རེ། །ཁྱོད་ཕྱུགས་རྗེ་ཆེན་པོ་མ་བསྐོམ་པར་གཉིན་རྗེ་བི་ལྷ་ས་ཏུ་བསྐོམ་ཟེར། འདི་ལ་གནོད་པར་འདུག་སྙམ་ནས་ཞི་མེད་ཀོ་མེད་དུ་བསྐོམས་པས། རྒྱབ་ཕྱོགས་སུ་སོང་ནས་གཉིན་རྗེ་བི་ལྷ་ས་ཏུ་བསྐོམ་བྱས་པ་ཆེས་ཟེར་རོ། །ཞིག་དྲུག་ནས་པོའི་ནང་པས། གནོད་བྱེད་དེའི་མགོ་ལྷགས་ཡ་གཅིག་བཤུས་ནས་གཞུ་རྒྱུའི་འགྲམ་དུ་ཡར་འགྲོ་མར་འགྲོ་བྱེད་དོ། །དེར་བོ་ཕན་ནས་ཞལ་མཛལ། ཆོས་ཞུས་པའི་སྐྱོབ་མ་ཡིན་པས་བོ་ན་རེ། ངས་ཡིན་མིན་བསླ་དང་ཟེར་ནས་སོང་ངོ་། །དེར་ཡིན་པར་ཤེས་ནས་བོས་ཀྱུས་བཏབ་ཅིང་པོ་བརྟངས་སོ། །རྲུ་བ་ལ་སྐྱུན་ནས་དེ་རྲུབ་ཞབས་ཏོག་བྱས་སོ།།

དེའི་ནང་པར་བསྙེན་བཀུར་བྱེད་པར་ཁ་མ་མཐུན་པ་ལ། སྐྱེམ་སྲིང་ཞིག་འདུག་པར་དབང་ཆེ་བ་བྱུང་བས་དང་ཐོག་བོ་མོའི་སར་གཏན་དངས་དེ་ནས་འདམ་ལུང་པའི་མི་མང་པོ་འདུས་ནས་བསུ་བ་བྱས། དེ་དུས་ཉི་མ་བྱང་ཕོས་ཀྱི་སྐབས་ཡིན་པས། ཕ་དོ་སྟོན་མོ་རྒྱ་ཆེན་པོ་གྲུབ་ནས། ཆོས་དང་གཏམ་བཤད་ཡུན་རིང་པོ་མཛད།

那宿主又來到他的身後喊道：「不要再觀修觀世音菩薩了，要觀修就要觀修閻魔王貝瓦薩達。」他不予理會，在觀修6天之後，他的疾病痊癒了。據說尋他不著的那個可怕的疾病宿主，脫下面皮，一直獨自徘徊在許曲河邊。後來因緣際會，他如願以償地見到了覺巴吉天頌恭祖師，聆聽佛法，並有幸成為了祖師的入門弟子。

一天，祖師的這位弟子在熱鬧人群中遠遠觀看，發現人們正疑惑著誰是直貢覺巴吉天頌恭祖師時，他便毛遂自薦上前說道：「我曾師從直貢覺巴吉天頌恭祖師修學佛法，我認得祖師，讓我一看定見分曉。」他定睛一看便認出是祖師的親身蒞臨此地，急忙叩頭謝恩，手舞足蹈，樂不可支，嘖嘖稱奇。歡喜之餘，他隨即叫來幾個鄰里同鄉，恭迎祖師留宿歇息，並設齋供養，祈求加持。第二天，人們爭先恐後邀請祖師，互不退讓。其中一位女施主仗著自己獨霸一方的勢力，請走了祖師，設齋供養，求福求祿。之後，來自丹木地區的人，紛紛迎請祖師廣轉法輪。當時正值晝短夜長的冬天，上午眾人忙前忙後，張羅置辦，擺開豐盛的齋飯，用完飯後，祖師向人們宣講有關佛法方面的問答和解釋。

དེ་ནས་བསྟེ་བའི་ཡོན་བཀད་དང་། ཟབ་ཅིང་རྒྱ་ཆེ་བའི་ཚོས་མང་པོ་གསུང་
སྐབས་ཁྲི་ལ་འཇའ་གུར་ཕུབ། དེར་ཉིན་མོ་ཡིན་པ་ལ། ཁྲི་ལས་ཡར་བཞིངས་
མ་ཐག་མཚན་མོར་སོང་ནས། ལ་ལ་ན་རེ་སྟོད་ལ་སྟེབས་ཟེར། ལ་ལ་ན་རེ་ནས་
ཕྱད་རེད་ཟེར་ཏེ། ཉི་མ་རྡོང་ལ་མནན་པ་དེར་ཡོད་ཚང་མས་མཐོང་།

དེ་སྐབས་ནད་པ་དང་ན་པོ་སྐྱུར་པོ་རྣམས་ཀྱང་དེ་མ་ཐག་ཏུ་ན་
རེངས་དུག་ནས་འགྲོ་བ་སོགས་ཕྱིན་རྐབས་ཀྱི་ཚན་ཁ་ཆེ་བ་བྱུང་བས། གྲུབ་
ཐོབ་ཀྱི་གྲགས་པ་ཆེན་པོས་ཡོངས་སུ་གཏམས་སོ།།

དེ་སྐབས་ཤིག་ལ་འབྲི་གུང་དུ་གསོ་སྦྱོང་ལ་སྐད་བཏང་བས། ཐམས་
ཅད་གཞི་འཛིན་པ་དང་། མཁར་ཨེན་བྱེད་པར་སོང་ནས་གསོ་སྦྱོང་ལ་འོང་
མཁན་མ་བྱུང་བས། ༁སྐྱོབ་པའི་མདུན་ངོས་སུ་བཞུགས་པ་དེ་མི་མཇེད་ཀྱི་
བདག་པོ་ཚངས་པས་(༣)ཆོས་ཀྱི་འཁོར་ལོ་སྐོར་བར་གསོལ་བ་བཏབ་པ་དང་།
དེ་དུས་འཇའ་ཚོན་གྱི་ཉི་གུར་ཕུབ་སྟེ་རིས་གྲིས་ཇེ་ཆེར་སོང་ནས། ནམ་མཁའ་
ལ་ཁྱབ་པར་བྱུང་བ་འདི་དང་འདྲ་བར།

然後，再講一些有關迴向的意義，以及很多甚深廣大的教言和領悟。祖師講法時妙語連珠，講得栩栩如生，法座周圍彩雲紛呈，祥霧繚繞。傳講完畢後，人們才發現早已夜幕降臨，天色漆黑，眾人議論紛紛，有人說太陽剛剛下山；有人說早已是深更半夜；有人則認為是覺巴吉天頌恭祖師定住了太陽，導致難分時辰，不知幾時。

當時有一些久病不癒、手腳殘疾和雙目失明的人，都奇蹟般得到了痊癒，恢復如初，免遭病痛的折磨，人們一致認為這正是覺巴吉天頌恭祖師的福德加持力，才使病者能下床、跛者走路、盲人見色。眾人對此嘖嘖稱奇，讚嘆不已，奔相走告，從此覺巴吉天頌恭祖師大成就者的聲名，廣傳四方，盡人皆知。

大約在那個時候，直貢梯寺舉行一次布薩，但大部分的僧眾忙於建造寮房，無人參加。此時，世間尊主、創造之神大梵天來到覺巴吉天頌恭祖師的座前，祈求廣轉法輪，利益人天。壁畫中，坐在祖師下方左側的人物就是大梵天（圖標3）。當時，祖師周身環繞著五彩繽紛的霓虹，漸漸擴大，遍滿整個天空。

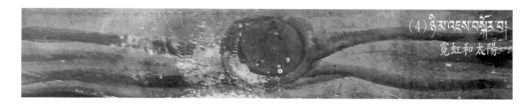

 (4) ཉི་མ་འཇའ་བསྒྲེར་བ།
霓虹和太陽

མ་འོངས་པ་ན་ངའི་ཆོས་ཀྱང་དཔེ་མཚོན་འདི་ལྟར་དུ་ཕྱོགས་མཐར་
ཁྱབ་པ་འོང་། ཞེས་མ་འོངས་པའི་ལུང་བསྟན་མཛད། འདི་མཚོན་བྱེད་དུ་ཉི་
མ་ལ་འཇའ་བསྒྲེར་བ། (༢) བྱས་སོ།།

དེ་ནས་ཕྱི་སྒྲུབ་པ་རིན་པོ་ཆེ་དགུང་གྲངས་སོ་དགུར་ཕེབས་སྐབས།
ཐེའུ་རང་དོ་ལ་དམ་ཆོས་གཉེས་པའི་སྙིང་པོ་དུམ་ཁྲིག་གསུངས།

གནམ་མཆོའི་འགྲམ་དུ་དོ་ཆེགས་མཛད་པ་ལ། མཚོའི་དར་གས་ནས་
ཆུ་པོ་ཡན་ལག་བཀྱུད་དང་སྟན་པའི་ཆུ་བྱུང་ནས། ཕྱི་སྒྲུབ་པས་ཆུ་དེ་ལས་
ཞིམ་པ་ཞིག་མ་བྱུང་། དེ་གནམ་མཚོ་ཕྱུག་མོས་མཚོད་པ་ཕུལ་བ་ཡིན་གསུང་།
གནམ་མཚོ་ཕྱུག་མོ་དེ་ལྷ་ཡི་དབང་པོ་བརྒྱ་བྱིན་གྱི་བུ་མོ་ཡིན་པས། དེ་མཚོན་
བྱེད་དུ་མདུན་ངོས་བཞུགས་ཁྲིའི་འོག་ཏུ་སྲུང་གཡོག་དམར་པོ་གྱོན་ནས་མར་
འདུག་སྟེ། (༥) ལྷ་ཡི་དབང་པོ་བརྒྱ་བྱིན་ཞལ་ཟས་བཏེགས་ནས་མཚོད་པ་
འབུལ་བའི་ཆུལ་དང་། དེའི་ཉེ་ཁྲིས་སུ་དེའི་བུ་མོ་དཀར་ཆོས་སྲུང་གཡོག་ནག་
པོ་གྱོན་ནས་མཚོད་པ་འབུལ་བའི་གཟུགས་(༦) སུ་བཀོད་པའོ།།

覺巴吉天頌恭祖師授記說道:「我的教法,將會像這遍滿天空的霓虹一樣,舉世聞名,廣傳到世界各個角落,受人愛戴。」壁畫中,也畫有五彩繽紛的霓虹縈繞太陽的圖畫(圖標4)。

　　覺巴吉天頌恭祖師39歲的生日時,在替讓朵為有緣的弟子講授了浩瀚佛法中的精華心要。

　　祖師一行來到那曲納木措湖邊時,停駐歇息,燒火做飯。忽然間,湖面上的冰塊咔嚓一聲,裂開一道縫隙,從中汩汩湧出一汪具有8種功德的水,供祖師飲用。祖師後來告訴一些有緣人說,那是我一生中喝過最甜美的水,是納木措湖女神恭敬供養給他的。納木措湖的女神是帝釋天王的女兒。壁畫中,坐在主尊下方右側,腰繫一條紅色圍裙、手捧甘露飲食的人物就是帝釋天王(圖標5)。坐在他旁邊,身色潔白,腰繫一條黑色裙子,雙手行供養姿勢的天女,就是帝釋天王的女兒,即納木措湖女神(圖標6)。

བྱང་ཤར་འབྲི་གུང་གི་ཡིན་ཚོ།

東北方的直貢

(1) བྱམས་པ་མགོན། 彌勒菩薩

(4) ཀླུ་སྒྲུབ། 龍樹菩薩

(5) མི་འཁྲུགས་པ། 不動如來

(6) ཚེ་དཔག་མེད། 長壽佛

(10) སྤྱན་རས་གཟིགས། 四臂觀音

(11) རྗེ་མར་པ། 瑪爾巴大師

(12) སྨན་བླ། 藥師佛

(15) སྐྱོབ་པ། 覺巴吉天頌恭祖師

(15) སྐྱོབ་པ། 覺巴吉天頌恭祖師

(16) བློ་གྲོས་རྒྱ་མཚོ། 海慧菩薩

(18) སྤྲུལ་སྐུར་སྐུ་འོད། 彌陀吉悟天子

(20) ལྷའི་བུ། 天子

(2) འཇམ་དཔལ། 文殊師利菩薩

(3) ཧེ་རུ་ཀ 嘿嚕嘎忿怒本尊

(7) རྗེ་བཙུན་མི་ལ། 密勒日巴尊者

(8) སྤྱན་རས་གཟིགས། 四臂觀音

(9) དཔལ་ཕྱོག་པ་ཕག 帕摩竹巴上師

(13) ཤཱཀྱ་ཐུབ་པ། 釋迦牟尼佛

(14) ཧེ་རུ་ཀ 嘿嚕嘎本尊

(15) སྐྱོབ་པ། 覺巴吉天頌恭祖師

(17) བྱང་སེམས་མེ་ཏོག 善花卉菩薩

(19) རྨ་ཆེན་སྤོམ་རའི་གཉན་གྱི་ལྷ་བ། 瑪沁雲曼大天神

(20) ལྷའི་བུ། 天子

མཇོད་པ་དགུ་པ།
བྱང་ཤར་འབྲི་གུང་གི་ཡིང་ཚོ།

ཙ་ཚིག

བྱང་ཤར་སྣ་མེད་བདེ་ལྡན་སྡིང་མཆོག་ཏུ།།
ཕྱོགས་བཅུའི་རྒྱལ་བ་སྲས་བཅས་ཨེ་ཤེས་སྐུ།།
རྣམ་འཕྲུལ་སྣ་ཚོགས་བཀོད་པ་དུ་མ་བསྟན།།
བསོད་ནམས་མཆོན་ཅན་ཞབས་ལ་ཕྱག་འཚལ་ལོ།།

རི་མོའི་འགྲེལ་བཤད།

ཕྱོགས་བཅུའི་རྒྱལ་བ་སྲས་དང་བཅས་པའི་རང་གཟུགས། ཨེ་ཤེས་ཀྱི་སྐུ་ཅན་ལྕོབ་པ་འཇིག་རྟེན་གསུམ་མགོན་དེ་ཉིད་ཕག་གྲུའི་བྱང་ཤར་ཕྱོགས་དབུ་ར་ཕྲོད་ཀྱི་འབྲི་གུང་བྱང་རྒྱབ་སྡིང་དུ་ཕྱག་ཕེབས་སྐབས། ཕག་གྲུའི་དགོས་སྤྲོབ་ཚོགས་ལྷུན་མི་ཉག་སྒོམ་རིན་གྱིས་སྐུབ་གནས་ཕུལ་བར།

དེར་གང་ཞིང་དགུང་གྲངས་སོ་ལྔ་པ་སྤྱི་ལོ། ༡༡༧༩ ལོར་གདན་ས་བྱང་རྒྱབ་སྡིང་དེ་ཕག་བཏབ་པར་མཇོད་པ་དེས། འབྲི་གུང་བཀའ་བརྒྱུད་ཀྱི་ཚོས་རྒྱུད་དེ་དབུ་བརྗེས་པར་མཆོན་པས། དེ་ནི་འབྲི་གུང་བཀའ་བརྒྱུད་ཚོས་བརྒྱུད་ཀྱི་གདན་ས་གཅིག་པུ་དེ་ཡིན།

事蹟九
東北方的直貢

偈　言

東北無上具樂妙洲中，
十方勝者佛子智慧身，
示現各種變化之安立，
具福德名足前我頂禮！

【圖文解說】

　　具十方佛陀智慧和佛子總集之身的覺巴吉天頌恭祖師，動身前往位於帕竹丹薩梯寺東北方、烏魯之上游—直貢強久林寺（菩提寺）時，帕摩竹巴上師的親傳弟子—大成就者米雅貢仁供養了一座僻靜的阿蘭若，覺巴吉天頌恭祖師在此講經說法，續佛慧命，弘揚正果。

　　祖師35歲（1179）時，建立直貢強久林寺，開創了直貢噶舉教法的先河。直貢強久林寺是直貢噶舉

གནས་སྐུ་དགྲེ་ཞེས་པ་གསུང་ཚོས་གནང་ཡུལ་དེར་སྐྱེ་འགྲོ་གོམ་པ་
འདོར་ཚད་ངན་སོང་ལས་ཐར་བ་འགྲོ་གུང་ཕྱོསྐྱོབ་པས་ཞལ་གྱིས་བཞེས།

དེ་འདྲའི་བདེ་སྟུན་ཐར་པའི་སྐྱིང་མཚོག་ཏུ་བཞུགས་པའི་དུས་སུ་
བྱིས་རིས་ཀྱི་ཞིང་ཚེ་འདིའི་སྐུའི་དཀྱིལ་འཁོར་གྱི་གཡས་ཏོས་སུ་ན་བཟའ་སྔད་
གཡོག་དམར་པོ་བསྐྱམས་ནས་བྱམས་བཞུགས་སུ་བཞུགས་པ་འདི། ཕྱོསྐྱོབ་
པས་རྗེ་བཙུན་བྱམས་མགོན་བྱམ་ཟེའི་གཟུགས་སུ་འདུག་པར་གཟིགས་ནས་
ཕྱགས་མེ་ཏག་པའི་སྔང་བས་བསྐུལ་ནས། བྱམས་མགོན་བྱམ་ཟེའི་གཟུགས་
མཐོང་སྤྱན་ཆབ་བཏོན། ཞེས་གསུངས་པ་སྐུའི་གཡོན་ཕྱོགས་སུ་ན་བཟའ་སྔད་
གཡོག་ལྗང་ཁུ་གསོལ་ཏེ། བྱམས་བཞུགས་སུ་གསོལ་བ་དེ་རྗེ་བཙུན་བྱམས་པ་
མགོན་པོ་(༡) ཡིན།

དེའི་གཡོན་ཏོས་སུ་སྐུ་མདོག་གསེར་བཙོ་མའི་མདོག་ཅན། ན་བཟའ་
སྔད་གཡོག་སྟོན་པོ་བསྐྱམས་ནས་མར་བཞུགས་ཏེ་ཕྱག་ན་མེ་ཏོག་བསྐྱམས་
པ་འདི་མེ་ཤག་གི་རྒྱལ་ཁམས་སུ། ཏོར་དེ་སྐུ་ཇ་ཡི་གཟོད་པ་བྱུང་སྐབས། འགྲོ་
གུང་ཕྱོསྐྱོབ་པས་འཇམ་དཔལ་དབྱངས་ལ་གསོལ་འདེབས་བསྐུལ་བས། རྗེ་
བཙུན་འཇམ་དབྱངས་(༢)ཀྱིས་དབུ་ལ་དར་དཔྱངས་བཏགས་ཏེ། མེ་ཏོག་
ཡུབྱལ་གཏོར་ནས་མེ་ཤག་གི་རྒྱལ་ཁམས་སུ་གཟོད་འཚོ་ཞི་བར་ཕེབས་པའི་
ཆ་བྱད་ཡིན།

教派唯一的祖寺。寺院主殿前的廣場名為「拉益梯」的地方，是祖師傳授佛法的聖地。因此，祖師曾經發下宏願，信心十足地保證說：「任何人只要跨上這片土地，就能從三惡趣中獲得解脫，永遠不受痛苦。」

覺巴吉天頌恭祖師在這能獲得永久解脫安樂、具殊勝功德的聖地之時，有一次，在禪定淨相中看見蹲坐的彌勒菩薩尊容，形象卻是一位婆羅門。以此為因，祖師心中產生了萬法不離無常之念，不禁悲從中來，潸然淚下。壁畫中，蹲坐在覺巴吉天頌恭祖師右側、身穿綠色法衣的就是彌勒菩薩（圖標1）。

跏趺坐在覺巴吉天頌恭祖師左側，身色猶如黃金般燦然輝煌，身繫一條藍裙、手握鮮花的便是文殊師利菩薩（圖標2）。當時西夏國受到蒙古鐵木真軍隊的騷擾和攻打，祖師向文殊師利菩薩祈請，為他們祈福，消除危害，轉危為安。文殊師利菩薩當即頭繫一條綢緞，從空中灑下曼陀羅花雨，消弭兵禍，獲得安樂。

ཉེན་ཞིག་སྒྲུབ་པ་མཛད་པའི་དུས་སུ་མདུན་གྱི་ནམ་མཁར་ཉེ་དུ་ཀ་
མདའ་གཞུ་བསྐམས་པ་ཞིག་གིས་ཐུགས་ཀྱི་དཀྱིལ་དུ་མདའ་ཅིག་བརྒྱབས་
པས། གསང་སྔགས་ཀྱི་རྒྱུད་ཐམས་ཅད་ཐུགས་སུ་སེངས་ཀྱི་བྱུང་བས་དབུའི་
གཡས་ངོས་སུ་དེ་དུ་ཀ་མདའ་གཞུ་བསྐམས་པས་ (༣) མཚོན།

བླ་མ་གནས་ནང་པ་དང་། དཔལ་ལྡན་དང་ཕུ་བ། དཔལ་ལྡན་སྟི་
ཕུག་པ་སོགས་ལ་འཕགས་པ་ཀྲུ་སྒྲུབ་ཀྱི་རྣམ་པ་བསྟན་པས་གཡོན་ཕྱོགས་
དབུ་མཐོངས་སུ་ཀྲུ་གསེར་བཙོ་མ་ལ་སྒྲུད་གཡོག་དམར་པོ་གསོལ་ནས་མར་
བཞུགས་པ་འདི་སློབ་དཔོན་འཕགས་པ་ཀྲུ་སྒྲུབ་ (༢)དབུ་གཙུག་ཏོར་ཅན་
ཡིན། དེ་སྐབས་ཤར་ཕྱོགས་མཚོན་པར་དགའ་བའི་ཞིང་ཁམས་སུ་མགོན་པོ་མི་
འཁྲུགས་པ་ལས་ཚོས་གསན་པས་དབུ་མཐོངས་དབུས་སུ་ཀྲུ་མདོག་སྔོན་པོ་ས་
གནོན་ཕྱག་རྒྱ་ཅན་འདི་མགོན་པོ་མི་འཁྲུགས་པའི་སྐུ་ (༥) ཡིན།

དབུ་རྒྱབ་གཡོན་དུ་རུབ་ཕྱོགས་པདེ་བ་ཅན་གྱི་ཞིང་ཁམས་སུ་མགོན་
པོ་ཚེ་དཔག་ཏུ་མེད་པ་ནམ་མཁའ་གང་བར་གཟིགས་པའི་མགོན་པོ་ཚེ་
དཔག་ཏུ་མེད་ (༤) ཡིན།

　　一天，祖師在坐禪修行時，前方虛空中突然出現手持弓箭、莊嚴威武的嘿嚕嘎忿怒本尊，嗖的一聲，把箭射向祖師的心間。霎時，祖師的心中浮現所有密宗續部的深廣奧義，證悟境界更上一層樓。壁畫中，覺巴吉天頌恭祖師的頭頂左方畫有手持弓箭、莊嚴威武的嘿嚕嘎忿怒本尊畫像（圖標3）。

　　乃囊巴大師[10]、涅普瓦和悉日普巴等具德大師，以慧眼觀照，看見覺巴吉天頌恭祖師就是龍樹菩薩乘願再來的轉世化身。所以在壁畫右上方畫有身色金光燦然，身穿紅色法衣，有肉髻莊嚴的聖者龍樹菩薩畫像（圖標4）。當時祖師還前往東方現喜剎土，在不動如來座前聽聞佛法，領受加持。因此在壁畫正中央畫有身色湛藍、雙手結觸地印的不動如來畫像（圖標5）。

　　祖師在又一次的禪定淨相中看見遍滿極樂世界上空的清淨微妙莊嚴的無量壽佛。壁畫中，覺巴吉天頌恭祖師頭頂右上方畫有怙主長壽佛的畫像（圖標6）。

10　乃囊巴大師：指的是第一世大寶法王杜松虔巴。

རྗེ་མར་པའི་གདུམས་མོ་ཐུགགས་ཀྱི་དགོངས་པ་གསུམ་བྱ་བ་རྗེ་བཙུན་མི་
ལར་ཡོད་པས་རྗེ་བཙུན་མི་ལས། མར་པའི་སྐུ་ཚེའི་སྟོད་སྨད་བར་གསུམ་གྱི་
དགོངས་པ་དེ་འདི་ཡིན་ཞེས་ཞལ་སྟ་ནས།

དེ་ཡིན་པའི་ངེས་ཤེས་གཏིང་ནས་སྐྱེས།།
དོན་ནོངས་པར་བྱུང་ན་བཟོད་པར་གསོལ།།
མ་ནོར་བྱིན་གྱིས་བརླབ་ཏུ་གསོལ།།

ཞེས་གསུངས་པས། གཡས་ངོས་སྐུ་མདུན་དུ་རྗེ་བཙུན་མི་ལའི་སྐུ་ལ་
རས་ཀྱི་ཡུག་རག་དཀར་པོ་གསོལ་ཞིང་། མིང་གེ་ལ་འཆིན་ནས་གཡུ་ཁང་དུ་
དགོས་སུ་བྱོན་པའི་རྣམ་པ (༡)མཚོན།

དཔོན་སངས་རྒྱས་གྲགས་པ་ལ་བྲིས་སྐུ་ཆེན་པོའི་ཞལ་སྟ་མཛད་པའི་
དུས་སུ་སྐུ་མཐོངས་གཡས་ཀྱི་མཐའ་བྲར་དུ་སྐུ་མདོག་དཀར་པོ་མར་བཞུགས་
འདི་ནི་གནས་ལ་བསྟན་པའི་རྗེ་བཙུན་སྤྲུན་རས་གཟིགས་ཕྱག་བཞི་པ (༢)
ཡིན།

རྗེ་ཕག་མོ་གྲུ་པ་དེ་ཡ་སྐྱོབ་པ་རིན་པོ་ཆེའི་དབུ་ཐོག་ཏུ་གཏུག་གི་ནོར་
བུ་སྟེར་ཏུག་ཏུ་འབལ་མེད་དུ་བཞུགས་པས། འདི་མཚོན་བྱེད་དུ་འདིའི་དབུ་
མཐོངས་སུ་མི་འཁྲུགས་པ་དང་སྤྲུན་རས་གཟིགས་ཀྱི་བར་དུ་བཞུགས་པའི་
དབུ་སྐོམ་བཞེས་པ་དེ་རྗེ་ཕག་མོ་གྲུ་པའི་སྐུ (༣)ཡིན།

　　瑪爾巴大師把自己的修法心髓傳給了密勒日巴尊者，那著名的法門名為「拙火三密意」。密勒日巴尊者認為這個法就是瑪爾巴大師一生修行的最重要的法門。尊者曾興高采烈地這樣唱道：

　　　　即為彼之信心全然生，
　　　　實情若有錯誤請寬容！
　　　　倘若無誤祈請賜加持！

　　壁畫中，覺巴吉天頌恭祖師的左下方畫有身繫白色禪帶、胯騎一頭獅子，親自來到玉康房的密勒日巴尊者畫像（圖標7）。

　　有一次，祖師準備對一位名為桑傑札巴的官員宣說大唐卡的相關事宜時，祖師為近侍展現了身色潔白無暇、四臂觀音的身相，見壁畫左側部分的邊緣處（圖標8）。

　　覺巴吉天頌恭祖師視帕摩竹巴上師為頂珠如意寶般珍貴的上師，永不背離的觀想在頭頂之上。見壁畫中位於不動如來和四臂觀音中間，頭戴禪帽、跏趺安坐的帕摩竹巴上師（圖標9）。

གཙུར་ལོ་སྟོ་བྱ་བ་བལ་ཡུལ་དུ་གསེར་གདུགས་བསྒྲུབ་པར་བཏང་
བས། གསེར་གདུགས་འདི་ལྷ་བུ་བརྡུང་བྱ་བའི་ཞལ་སྟའི་ཡི་གེ་ཞིག་ཡོད་པ་
བརྩིགས་ནས་དུ་བཞིན་ཡོད་ཚ་ན། མི་དཀར་སེང་དེ་ཞིག་བྱུང་ནས། གསེར་
གདུགས་འདི་ལྷར་བརྡུང་བྱ་བའི་ཞལ་ལྷ་བྱོན། དབུ་མཐོངས་མི་འཁྲུགས་
པའི་གཡོན་ཟུར་དུ་བཞུགས་པའི་སྐུ་མདོག་དཀར་པོ་འདི་གཙུར་ལོ་ཚོ་བར་
དབུགས་ཕྱུང་བའི་རྗེ་བཙུན་སྒྲུན་རས་གཟིགས་(༡༠)ཡིན།

ཞུབ་ཆིག་གི་སྐྱེ་ལམ་དུ་རྗེ་མར་པ་བཞུགས་པ་ཡིན་ཟེར་བའི་མཁར་
ཆིག་གི་ནང་དུ་ཡར་ཕྱིན་ཚ་ན། མཁའ་འགྲོ་མ་ཞིག་གིས་སྒོ་བཀག་ནས་ནང་
དུ་མ་བཏང་བ་ལ། བུ་ང་པའི་ཁྱིམ་དུ་འགྲོ་བ་ལ་ཅིའི་ཕྱིར་མི་གཏོང་གསུངས་
པ་ལ། མཆོན་ཞིད་པ་རོལ་དུ་ཕྱིན་པའི་ཐེག་པ་ཁྱོད་མཁས་པ་ཡིན་དེ། གསང་
སྔགས་རྡོ་རྗེ་ཐེག་པ་ལ་དེ་ལྟར་མ་ཡིན་ཞེས་ཟེར། དེ་ནས་རྗེ་མར་པའི་དྲུང་
དུ་བྱོན། འདིའི་སྐུ་མདུན་གཡོན་ཟུར་དུ་རྗེ་མི་ལའི་སྐུ་དང་ཁ་སྒྲོད་ཀྱི་ཚུལ་དུ་
མཐར་ཞབས་མཐིལ་གཉིས་སྒུར་ཏེ་འཁྱུལ་འཁོར་གྱི་རྣམ་པའི་ངང་ཚུལ་འདི་
ཐབས་ལམ་གྱི་ཁྲིད་ཀ་བསྐུལ་བའི་རྗེ་མར་པའི་སྐུ་ (༡༡) ཡིན།།

　　一次，祖師吩咐名為久ᵉ譯師的僧人，去尼泊爾製作一頂以黃金鑄造的寶傘。當他發現那詳細記載著製造黃金寶傘的筆記不翼而飛時，傷心地哭著，這時出現了一位身穿白色衣服的人，教他要如何鑄造寶傘。這位現身教導久ᵉ譯師的白衣人，便是四臂觀音的化身。見壁畫中上面，跏趺安坐在不動如來右側、身色潔白無染的四臂觀音（圖標10）。

　　一天晚上，祖師夢見來到一棟樓前，瑪爾巴大師正在裡面講經說法，正當祖師準備進去的時候，旁邊閃出一位空行母阻擋在門口，不讓他進去。祖師便忿忿然地說道：「我連進自己父親的家門都不可以嗎？」那位空行母回答道：「你雖然精通大乘的般若波羅蜜法門，但對密宗金剛乘的法門體會不深，不求甚解。」祖師聽罷，畢恭畢敬來到瑪爾巴大師的座前，祈求傳法，宣授法教。壁畫中，覺巴吉天頌恭祖師畫像右側，以密宗瑜伽的坐姿腳心相對地坐在密勒日巴尊者對面的尊者，便是傳授給祖師方便道法門的瑪爾巴大師（圖標11）。

འབྲི་གུང་རྒྱང་སྐྱིང་དུ་ནད་པ་ཞིག་གིས་གསོལ་བ་བཏབ་པའི་ངོར་ཤ་སྐྱོབ་
པ་འཇིག་རྟེན་གསུམ་མགོན་དེ་ཉིད་སངས་རྒྱས་སྤྲུལ་གྱི་བླར་ཕྱིན་ནས་ནང་
བསལ་བར་མཛད་པས། དེ་མཚོན་བྱེད་དུ་སྐུའི་མདུན་ལོག་གཡོན་ངོས་སུ་
བཞུགས་པ་སྐུ་མདོག་དཀར་ལ་སྐྱེར་ལྟོ་བ་དེ་སངས་རྒྱས་སྤྲུལ་གྱི་བླ་ (༡༢)
ཡིན།

དགེ་བའི་བཤེས་གཉེན་གྱུ་སྒྲ་མོ་བྱ་བ་འབྲི་གུང་ཆོས་སྐྱོབ་པར་ལོག་ལྷ་
ཆེ་བ་ཞིག་ཡོད་པར། དེས་བླ་མ་འབྲི་གུང་བ་དེ་ཆུ་འགོ་ཡ་གིར་བསྡད་དེ་ཚོས་
ལོག་སྟོན་ཅིང་། མི་ཐམས་ཅད་མགོ་འཁོར་རང་འཐག་ལྷར་བསྐོར་ཟེར་ཏེ།
ཁོང་རང་གི་བྱང་ཁང་དུའང་མི་ཆེན་ཅིག་གི་མགོ་ལ་ཆོས་རྗེའི་སྐུ་གཟུགས་
ཀྱིས་རང་འཐག་བསྐོར་བ་བྱས། ང་བླ་མ་དེའི་དྲུང་དུ་ཕྱིན་ནས་ཐལ་འགྱུར་
གཏོང་བ་ལ། བསྟུན་འབྱིན་པ་ཡིན་ཟེར་ནས་ཕྱིན། ཕྱག་རྟེན་དར་ཁ་གང་བྱེར་
ནས་དཔལ་འདྲ་ཕུ་པ་དང་ཐོས་པ་སྐབས་སུ་བྱས་པས་འདྲིས་ཡོད་ནས་བྱེད་
ཀྱིས་མཐལ་སྲ་བྱས་ན་ཟེར། དཔལ་འདྲ་ཕུ་པས་ཆོས་རྗེའི་སྤྱན་སྔར་དགེ་བའི་
བཤེས་གཉེན་གྱུ་སྒྲ་མོ་བ་མཐལ་བར་གདའ་ཞེས་པས། ནང་དུ་ཐོང་གསུངས།
ཁོང་གུས་པས་མཐལ་བར་མི་གདའ། ང་རྒྱལ་གྱིས་མཐལ་བར་གདའ་ཞེས་པས།
ཨོ་ན་རེད་གསུང་ནས་ཕྱགས་དམ་ཞིག་མཛད་ནས། ང་ལ་ཡང་འབོལ་མང་པོ་
ཚིགས། ཁོ་ལ་ཡང་འབོལ་མང་པོ་ཚིགས་གསུངས།

一次，祖師住在直貢扎林時，一位身患惡疾的病人前來拜訪祖師，尋求加持，解脫病魔。祖師便以藥師琉璃光如來的形象灑下甘露，淨除了他的病魔。見壁畫中，覺巴吉天頌恭祖師畫像下方右側，身色猶如藍寶石般湛藍發光的就是藥師佛（圖標12）。

有一位博學者名為「竹賈莫」來見直貢覺巴吉天頌恭祖師，他對祖師充滿偏見。竹賈莫還口出惡言道：「那位直貢巴住在上游欺詐他人。」他在自己家的牆壁上畫了磨糌粑的石磨，石磨上面還畫了祖師吉天頌恭身像，意指祖師把人騙得像石磨一樣地（團團）轉。他又說：「我去找那個直貢巴，用正法辯論、駁斥他的非法。」但到了直貢梯寺時，他手拿一條哈達要前去辯論，卻感到坐立不安，緊張了起來。他的法友涅普瓦尊者來到祖師的座前通報說：「博學者竹賈莫前來拜見祖師。」祖師說：「讓他進來吧。」涅普瓦尊者又道：「他好像懷著不恭敬之心和貢高我慢之情前來拜見祖師。」祖師聽罷，便閉目禪坐了一會兒。祖師令侍從將墊子弄高一些，與博學者的座位一樣高。

དེའི་དུས་སུ་མཁས་དབང་གྲུ་རྐྱུ་མོ་དང་། ཞང་པའི་དགེ་བཤེས། དེ་བཞིན་དེ་གནས་ཆེན་པོ་རྣམས་ལ་འགྲོ་གུང་ཤྲོུབ་པ་འཇུག་ཊེན་མགོན་པོས། ཤྲུུ་ཐུབ་པའི་རྐྱུ་གཟུགས་སུ་བསྟན་པར་མཛད། དེར་ཤྲོུབ་པ་ཞལ་མཇལ་བ་ཚམ་གྱིས་བྱིན་གྱིས་བརླབས་ཤིང་། ཆོག་རེ་རེ་གསུངས་པས་སྐྱེ་འདོ་གགས་ཐམས་ཅད་ཆོ་སྒོམ་མེད་ཀྱི་རྟོགས་པ་འཁྲུངས། དེ་མཚོན་བྱེད་དུ་དབུ་མཐོངས་སུ་ཤྲུུ་ཐུབ་པའི་སྐུ་ (༡༣) ཕྱིས་པ་ཡིན།

མཁས་དབང་གྲུ་རྐྱུ་མོ་ཞུ་བ་དེའི་མཚན་གཞན་དགོན་གནས་ཀྱི་མཚན་ལས་ཐོགས་པ་དཔལ་བལ་བུ་གོང་པ་ཞུ། ཤོང་ས་སྐྱའི་མཁས་དབང་ཞིག་ཡིན་འདུག་པར་དེ་དུས་རྒྱལ་དབང་ཤྲོུབ་པར་ཁོ་བོས་བྱེད་ལ་ཞབས་ཏོག་ཏུང་བ་ཡོད་ན་བཀའ་གནང་མཛོད་ཞུས་པར། མཁས་པ་ཆེན་པོ་བྱེད་ཀྱི་ཐེག་པ་ཆེན་པོའི་ལམ་རིམ་ཆེན་མོ་ཞིག་ཚོམ་མཛོད་གསུངས་པར་ད་ལྟའི་འགྲོ་གུང་བཀའ་བརྒྱུད་ཀྱི་ཐེག་ཆེན་བསྟན་པའི་སྙིང་པོའི་གཞུང་དེ་བཅོམས་པར་མཛད་པ་ཡིན།

（祖師）喚竹賈莫進來，此時博學者竹賈莫轉身對涅普瓦尊者說：「你陪我到門外的臺階前。」涅普瓦尊者不解其意地說道：「您不是來拜見祖師，想跟他辯論，現在怎麼了？」竹賈莫連忙答道：「非也，非也。」因為當時除了竹賈莫和涅普瓦尊者外，在場的章地區的格西以及依教奉行的祖師侍從都親眼看到祖師示現釋迦牟尼佛真身的神奇事跡，當時釋迦牟尼佛就加持祖師，並一句一句講經說法，而得到釋疑和無修成就。示現釋迦牟尼佛真身的畫像，見壁畫中覺巴吉天頌恭祖師畫像的正上方（圖標13）。

博學者竹賈莫又名伯布孔，他是一位博學多才、學富五車的薩迦派高僧。當時竹賈莫對祖師說：「如果有我能護持的任何事情，請您吩咐。」祖師喜笑顏開地說道：「您是一位不可多得的偉大學者，就請您執筆寫一部能展現大乘菩提道次第的鉅作吧！」後來，竹賈莫撰寫了直貢噶舉教派的教派源流《大乘法教心要》。

ཡང་དབྱེ་རྒྱུང་སྐོམ་ཕྱུག་ཏུ་བཞུགས་པའི་དུས་ཤིག་ལ། བྲམ་ཟེ་ཆེན་པོ་
ས་ར་ཧ་དང་། ཏེཊྚི་པ་གཉིས་ཀྱི་ཞལ་གཟིགས་བྱུང་བ་དང་། ལན་ཅིག་ཚོགས་
སུ་སྐྱའི་དཀྱིལ་འཁོར་དཔལ་ཏེ་ཏུ་ཀར་བསྟན་པས་གཡས་ཕྱོགས་མདུན་དུ་
བཞེངས་པའི་རྐུ་མདོག་ཕྱོན་པོ་འདི་དཔལ་ཏེ་ཏུ་ཀ (༡༩) ཡིན།

ནག་ཕོད་མཁན་པོ་ཞེས་བྱ་བ་འབྲི་གུང་པ་སྐྱོབ་པར་ལོག་ལྟ་བྱེད་པ་
ཞིག་ཡོད་པས། བོ་ཚོགས་སུ་ཕྱིན་ཚ་ན་འཇིག་རྟེན་མགོན་པོ་ཚོགས་སུ་ཚོས་
གསུང་བཞིན་པ་དང་འཕྲད། བོ་གཟིམས་ཕྱིལ་དུ་འགྲོ་ཚ་ན། འཇིག་རྟེན་
མགོན་པོ་གཟིམས་ཕྱིལ་དུ་བྱིད་མཛད་ཀྱིན་ཡོད་པ་དང་འཕྲད། བོང་རྟེན་
འཕྱག་ཁར་ཕྱིན་ཚ་ན་འཇིག་རྟེན་མགོན་པོ་སྐྱོ་བསང་མཛད་ཀྱིན་དང་འཕྲད།
བོ་པོའི་ལོག་ལྟ་བསལ་བའི་ཕྱིར་སྐྱའི་བཀོད་པ་དུ་མ་བསྟན་པར་མཛད།།

རྒྱལ་བ་སྐོམ་གཉིས་བྱ་བས། ཚོས་རྗེའི་སྒྱུལ་པ་ན་བཟའ་སྐྲམ་སྒུར་
དམར་པོ་བསྣམས་པས་འབྲི་གུང་གི་ཐང་འདི་མེར་གྱིས་ཞིངས་པ་ཞིག་
གཟིགས་པ་དག་མཆོན་བྱེད་དུ་གཙོ་སྐྱའི་མདུན་ཕྱོགས་སྟེང་ཕོད་གཡས་
གཡོན་བཞིར་སྐྱོབ་པའི་སྐུ་བཞི་སྒུལ་མཛད (༡༥) བཞུགས་པ་ཡིན།།

དེ་ནས་བྱང་རྒྱབ་སེམས་དཔའ་གར་བྱོན་པར་བཞེད་པ་ན། སད་དང་།
མེར་བ། སྐུ་གི་ནད་ཡམས་སོགས་ཞི་བར་མཛད།

　　一次，覺巴吉天頌恭祖師住在耶瓊浦山洞閉關修行、參禪打坐時，禪定淨相中面見了印度大成就者薩惹哈巴和帝洛巴尊者；而且再次地在法會上用神變化身為吉祥嘿嚕嘎忿怒本尊。見壁畫中祖師畫像左下方，身色湛藍、莊嚴威武、盡顯威光的忿怒本尊便是吉祥嘿嚕嘎本尊（圖標14）。

　　有一位名為那雪堪布的寺院管理員，對祖師不是很有信心，私下經常說一些不恭敬的話。為了化解消除他的偏見，祖師便化身到不同地方。當他走入佛堂內時，會看見祖師對僧眾講經；當他去祖師寮房時，會看到祖師在傳授參禪的心法；當他往直貢滇恰（天葬台）時，也會看見祖師在那裡往返經行。

　　當時，一位名為加瓦工雄的修行人看見祖師慈悲應化的各個化身，身穿紅色法衣和袈裟，遍滿直貢一帶，極目望去，一片紅光，交相輝映。為了象徵祖師這一神奇的功德，壁畫中主尊畫像的四方各有一位覺巴吉天頌恭祖師化身的四個畫像（圖標15）。

　　這位大菩薩應化而來的覺巴吉天頌恭祖師遍訪的每一寸土地，都會遠離三災六難，不得饑荒，逢凶

འདི་འདྲས་པ་རིན་པོ་ཆེ་ཏོག་ནས་གསུངས་པ་བཞིན་བྱུང་ཆུབ་སེམས་དཔའ་
གྱུབ་པའི་བློ་གྲོས་བྱ་བས། བཙམ་ལྷུན་འདྲས་ཀྱི་སྤྱུན་སྤྱར་སླན་དྲེས་ལེངས་
པ་བྱུང་ཞིང་། སྐུའི་གཡོན་འོག་ཏུ་ཀླུ་མདོག་དཀར་ལ་ན་བཟན་སྔད་གཡོག་
དམར་པོ་གསོལ་ཕྱག་ཏུ་སྨན་གྱི་ལོ་ཐོག་བསྣམས་ནས་ཡར་ཕྱག་སྐྱོང་བར་
མཛད་པ་འདི་བྱང་ཆུབ་སེམས་དཔའ་གྱུབ་པའི་བློ་གྲོས་ཀྱི་ཚུལ། (༡༤)

དེ་བཞིན་འདྲས་པ་རིན་པོ་ཆེའི་ཏོག་ནས་གསུངས་པའི་བྱང་ཆུབ་
སེམས་དཔའ་དགེ་སློང་མེ་ཏོག་གིས་ནས་ཕུལ་བས། འགྲོ་གུང་དུ་བྱུང་མ་ཀྲྱོང་
པའི་ལོ་ལེགས་བྱུང་བས། སྐྱེ་འཆད་པ་རྣམས་ཀྱི་ཀུན་འགྲོ་གུང་ནས་མར་ནས་
འདྲེན་པ་བྱུང་། སྐུའི་གཡོན་འོག་ཏུ་སྲུང་བཟེད་བཏེག་མཁན་ (༡༤) དེ་བྱང་
ཆུབ་སེམས་དཔའ་དགེ་སློང་མེ་ཏོག་གིས་སྲུང་བཟེད་ནས་ཀྱིས་བཀང་སྟེ་ཕུལ་
བ་མཚོན་པའི་ཚ་བྱད་ཡིན།

འགྲོ་གུང་ལྕགྲུབ་པས་དུས་བཟང་ལ་ཚོས་གསུང་པའི་དུས་སུ། སྟེང་
པའི་ལྷ་འདྲེ་རྣམས་ཀྱང་འོང་ནས་ཚོས་ཞུན་པས། ཐང་ལྷ་དང་། ཡར་ལྷ་ཤམ་
པོ་སོགས་པའི་ལིང་ཆེ་གཞན་དུ་ཡོད་པ་ལྟར་དང་། གཙོ་སྐུའི་གཡོན་སྟོང་ཆེ་
དཔག་མེད་ཀྱི་གཡོན་དུ་བཞུགས་པའི་ལྷ་ཀླུ་མདོག་དཀར་པོ་ལག་གཉིས་ཕྱག་
རྒྱ་བྱེད་པ་འདི་ལྷ་མུ་ཐུར་སྐྱེ་འོད་ཆན་ (༡༣) དང་།

化吉，轉危為安，風調雨順。這就如《大方等大集經》中記載的，盡顯覺巴吉天頌恭祖師無盡功德之一二。經中記載：「海慧菩薩來到佛陀座前，一時藥香撲鼻，沁人心脾，芬芳馥鬱，祛除了所有惡劣乖張的氣息，瑞氣氤氳，祥光皚皚。」壁畫中，坐在覺巴吉天頌恭祖師畫像右下方，身色潔白無染，腰繫紅裙、手捧妙藥穀穗的就是海慧菩薩（圖標16）。

《大方等大集經》中記載的善花卉菩薩向覺巴吉天頌恭祖師供養了大量青稞，因此當年直貢一帶風調雨順，五穀豐收，一片欣欣向榮。遠自拉薩下游一帶的人都爭相來到直貢購買青稞，絡繹不絕，熱鬧非凡。壁畫中，坐在覺巴吉天頌恭祖師畫像左下方，手捧盛滿青稞的鉢盂恭敬供養祖師的便是善花卉菩薩（圖標17）。

覺巴吉天頌恭祖師在吉祥節日講法時，都會有各種天人和非人前來聆聽，領受加持。這些神奇的事蹟在前面念青唐古拉山神和雅拉香波山神等章節中已有提及，於此不再贅述。壁畫中，主尊畫像右上方，坐在長壽佛的右側，身色潔白、雙手恭敬合十的天神便是彌陀吉悟天子（圖標18）；

གཡས་ཟུར་འཇམ་དབྱངས་ཀྱི་གཡར་ཟུར་དུ་བཞུགས་པ་འདི། ལྷ་ཀླུ་ཆེན་པོ་

སྟོན་གྱི་ཕྱེང་བ་ཅན་ (༡༩) གཉིས་ཀྱི་གཟུགས་མཚོན།

ཕྱིན་སེམས་བསྐྱེད་ཀྱི་ཕྱོམ་པ་ཞིག་མཛད་པའི་དུས་སུ་ལྷ་རྣམས་ཀྱིས་

ནམ་མཁའ་ནས་མེ་ཏོག་གི་ཆར་ཕབས་པས། དབུ་རྩེའི་སྟོན་པའི་སྐུའི་གཡས་

གཡོན་དུ་ཕྱིང་བའི་ལྷ་བུ་གཉིས་འདིས(༢༠) མེ་ཏོག་གི་ཆར་འབེབ་པ་མཚོན་

པར་བྱེད་པ་དང་། གཞན་ཡང་སྣང་བ་དག་པ་རྣམས་ཀྱིས་བསྐས་ཚ་ན། ལྷ་

རྣམས་ཀྱི་ནམ་མཁར་བླ་བྲེས་འཛིན་པ་དང་། ཀླུ་རྣམས་ཀྱིས་ཁྲི་རིན་པོ་ཆེའི་

པདྨ་ཅན་བཏེགས་པ། གནོད་སྦྱིན་རྣམས་ཀྱིས་གདུགས་ཕུལ་བ་སོགས་ཀྱང་ཐེང་

གི་ལྷ་འདི་གཉིས་ཀྱིས་མཚོན་པར་བྱེས་སོ།།

主尊畫像左上方、坐在文殊師利菩薩左側的天神乃是
瑪沁雲曼大天神（圖標19）。

　　一次，祖師授予菩提戒時，天人歡喜雀躍，花
雨繽紛，甘霖亂墜，吉兆紛呈。壁畫中，在釋迦牟尼
佛左右，駕著祥雲、拋灑天花雨露的兩位天子（圖
標20），表示著覺巴吉天頌恭祖師的此一功德事蹟。
另外，在清淨罪障、修為高深的修行人的禪定淨相
中，可以看見天人在空中手持經幡旗子，龍王高擎蓮
花寶座，非人供養無盡寶藏等各種神奇功德。

གྱུ་དན་ལས་འདས་པའི་ཡིང་ཆོ།

涅槃

(1) མཆོད་རྟེན། 佛塔

(2) སྐྱོབ་པ། 覺巴吉天頌恭祖師

(3) བྱང་སེམས་དཀར་པོ། 身色潔白的菩薩

(4) སྐྱོབ་པ། 覺巴吉天頌恭祖師

(5) བྱང་སེམས་སེར་པོ། 身銅黃色的菩薩

(6) གྲུབ་ཐོབ། 大成就者

(7) སྐྱོབ་པ། 覺巴吉天頌恭祖師

(8) བྱང་སེམས་དམར་པོ། 身彤紅色的菩薩

(9) སྐྱོབ་པ། 覺巴吉天頌恭祖師

(10) བྱང་སེམས་སྔོན་པོ། 身綠色的菩薩

(11) རིང་བསྲེལ་ཆར་བབ་པ། 天降舍利雨

མཛོད་པ་བཅུ་པ།
རྒྱ་ནག་ལས་འདས་པའི་ཡིད་ཆོ།

རྩ་ཆེག

འོག་མིན་མི་གནས་རྒྱ་ནན་འདའ་དབྱིངས་སུ།།
བྱུབ་གདལ་མཚོན་དགའ་བདེ་སྐུན་ལྷུང་ལོ་ཅན།།
ཞིང་ཁམས་ཐ་དད་རྣམས་སུ་གཤེགས་བསྐུན་པ།།
ལྷུན་གྲུབ་བསམ་མི་ཁྱབ་ལ་ཕྱག་འཚལ་ལོ།།

རི་མོའི་འགྲེལ་བཤད།

གོང་གསལ་གྱི་རྩ་བའི་ཆེག་བཅད་བཞི་པོ་འདིས། མ་འོངས་པའི་ཡིང་ཆེ་མཆོན་ཏེ་ཕྱ-སྐྱོབ་པ་འཇིག་རྟེན་གསུམ་གྱི་མགོན་པོ་རྒྱ་ནན་ལས་འདས་པའི་དུས་སུ། རྒྱ་འབུམ་འཛམ་སྐྱིང་རྒྱན་བཞིངས་ས་དེར། ཞབས་ས་ལ་བཞག་ནས་སྐྱན་སྤུ་འགྲོ་གུང་སྐྱིང་པ་ལ། ང་རྟག་ཏུ་འདིར་བཞུགས་པ་ཡིན། བྱང་ཆུབ་ཀྱི་སེམས་རྣམ་པ་གཉིས་ལས་གྲུབ་པའི་སྐུ་འདི་མཆོན་ཁྱེད་དུ་དབྱས་འདི་མཆོད་རྟེན་(༡)གྱིས་བརྒྱན་པ་བྲིས་པ་དང་། སྐུ་རྒྱ་ནན་ལས་འདས་པའི་དུས་སུ། དེར་ཆེགས་པའི་མི་རྣམས་ཀྱི་མཐོང་སྣང་ལ། ཤར་ཕྱོགས་མཆོན་པར་དགའ་བའི་ཕྱོགས་སུ་བྱང་ཆུབ་སེམས་དཔའ་དཀར་པོའི་ཆོགས་ཀྱིས་བསྐོར་ནས་གཤེགས་པར་མཐོང་བ་གཡས་ཟུར་མཆོད་རྟེན་གྱི་གཡོན་འདི་ཕྱ-སྐྱོབ

事蹟十
涅槃

偈　言

不住密嚴而於涅槃界，
空性妙喜具樂楊柳宮，
示現前往各種佛淨土，
不可思議自成尊前禮！

【圖文解說】

　　以上的偈言表示未來世界的部分。直貢覺巴吉
天頌恭祖師即將圓寂之時，在舍利塔世界大莊嚴的舊
址上雙腳踏地，對兼那・直貢林巴說道：「我永遠常
住於此。」壁畫中央就是用展現兩種菩提心的祖師身
像所畫成的，畫中有一座祥光四射、飛閣流丹的佛塔
（圖標1）。覺巴吉天頌恭祖師圓寂時，在場的所有
人一致看見，祖師由無量無邊、身色潔白無瑕的菩薩
團團圍繞下，駕著祥雲，款款飛往東方現喜剎土。壁
畫中，跏趺端坐在佛塔左側的便是覺巴吉天頌恭祖師

པའི་སྐུ་ཡིན་(༢) ཞིང་། མཚོད་རྟེན་ཀྱི་ལོག་ཏུ་བཞུགས་པ་དག་བྱང་ཆུབ་
སེམས་དཔའ་དཀར་པོའི་ཚོགས་(༣)ཀྱི་འཁོར་ཡིན།

རྗེ་སྐྱམ་པོ་པའི་སྐྱོབ་མ་གྲུབ་ཐོབ་ཅིག་གིས་མཐོང་སྣང་ལ། སྟོ་ཕྱོགས་
དཔལ་དང་ལྡན་པའི་ཞིང་ཁམས་ན། ཕར་ལ་བྱང་ཆུབ་སེམས་དཔའ་སེར་པོའི་
འཁོར་དང་བཅས་པར་ཚོས་གསུང་བཞིན་གཤེགས་པར་མཐོང་བས། མདུན་
འོག་གཡོན་ངོས་སུ་བྱང་ཆུབ་སེམས་དཔའི་ཚོགས་ལ་གཟིགས་པའི་དགེ་སྦྱོང་
ས་གཟོན་མཉམ་གཞག་གི་ཆ་བྱད་འདི་འགྲོ་གྱུར་༠སྒྲུབ་པའི་སྐུ་(༧)ཡིན་པ་
དང་། དེའི་མདུན་དབུས་སུ་སྐུ་སེར་པོ་དེ་བྱང་ཆུབ་སེམས་དཔའ་སེར་པོའི་
(༤) འཁོར་མཚོན་པ་ཡིན༎

དཔལ་གནས་ནང་པའི་གྲུབ་ཐོབ་ (༦) ཅིག་གི་མཐོང་བ་ལ། རུབ་བདེ་
བ་ཅན་ཀྱི་ཞིང་ཁམས་ན། ཕར་ལ་བྱང་ཆུབ་སེམས་དཔའ་དམར་པོའི་འཁོར་
གྱིས་བསྐོར་ནས། ཚོས་གསུང་བཞིན་གཤེགས་པར་མཐོང་བས། གཡོན་ངོས་
འོག་ཏུ་བཞུགས་པ་འདི་༠སྒྲུབ་པའི་(༧)སྐུ་ཡིན་པ་དང་། བྱང་ཆུབ་སེམས་
དཔའ་སེར་པོའི་གཡོན་ངོས་བཞུགས་པའི་སྐུ་དམར་པོ་དེ་གཉིས་བྱང་ཆུབ་
སེམས་དཔའ་དམར་པོའི་འཁོར་ (༥) མཚོན།

ཚོང་མ་གཅིག་གྱུར་ཀྱི་མཐོང་སྣང་ལ། ཡང་དགོན་གཟིམས་ཁང་ནས་
འོད་ཧ་མ་ཅམ་ཞིག་རྟེན་ཕྱགས་ཁར་འཕོས་པ་མཚོན་བྱེད་དུ་གཐམ་འོག་
གོར་མོའི་ནང་དུ་ས་གཟོན་མཉམ་གཞག་ཏུ་བཞུགས་པ་སྒྲུབ་པའི་སྐུ(༢)

（圖標2）；安坐在佛塔下方、身色潔白無瑕、歡歡喜喜的人就是迎請祖師前往東方佛國淨土的菩薩（圖標3）。

　　有一位得到成就的岡波巴大師的弟子，在禪定淨相中看見尊貴的祖師一邊對著身銅黃色的菩薩眷屬宣講三藏教法，一邊徑直飛往南方的具德淨土。壁畫中，在佛塔右下方，面對著眾多身色迥異的菩薩、雙手結觸地等持手印的比丘便是覺巴吉天頌恭祖師（圖標4）；在祖師前面，身銅黃色的是迎請祖師到南方剎土的菩薩眷屬（圖標5）。

　　一位住在吉祥乃囊寺的大成就者（圖標6），看見尊貴的祖師被身形紅色的菩薩眷屬緊緊圍繞，並對他們開演著深廣浩瀚的法義後，飛向西方極樂世界。壁畫中，跏趺端坐在佛塔左下方的便是覺巴吉天頌恭祖師（圖標7）；安詳坐在身銅黃色菩薩的右側，清淨莊嚴、身形紅色的就是迎請祖師到西方淨土的菩薩眷屬（圖標8）。

　　眾弟子共同看見祖師的寮房上方發出閃閃耀眼的光芒，射向滇恰（天葬台），指的是壁畫下方，有一光圈環繞著祖師以觸地手印禪坐身像（圖標9）。

བྱང་ཕྱོགས་ལས་རབ་རྩོགས་པའི་ཀྱི་གནས་ན། ཐར་བྱང་རྒྱབ་སེམས་དཔའ་སྤྱང་ལུ་འཕོར་ཀྱིས་བསྐོར་ནས་གཤེགས་པར་མཐོང་བས། གཡོན་འོག་ཏུ་སྐུ་སྤྱང་ལུ་ཞལ་ཕྱིར་གཟིགས་པ་དེ་གཉིས་བྱང་རྒྱབ་སེམས་དཔའ་སྤྱང་ལུ་འཕོར་ (༡༠) མཚོན།

གཞན་ཡང་ཐ་ག་ཉེའུ་བྱུའུ་ཞེས་བྱ་བ་ན་མང་འདུས་ལྟུང་འདུས་ཀྱི་དུམ་བྱས་པའི་ཚོས་བྲི་ཅིག་ཡོད་པ་དེ་ལ་རིང་བསྲེལ་ཀྱི་ཆར་བབ་པ་དང་ཉེ་མ་གསུམ་དུས་གཅིག་ལ་ཤར་བ་དང་ཚོ་འཕུལ་སྐུ་ཚོགས་བསྟེན་པ་ཡིན་ཏེ། འདི་ལ་ཚོགས་སུ་བཅད་པ་ཡང་།

ཉི་མ་གསུམ་ཤར་འཇའ་དང་འོད་ཀྱིས་གང། །
གང་སྟོན་བཞུགས་པར་རིང་བསྲེལ་ཆར་དུ་བབས། །
ཨེ་མ་རོ་མཚར་རྐྱེན་བྱུང་ཚོས་ཀྱི་ཏེ། །
ཚུ་མཚོག་གྲོང་དུ་ཞི་བར་གཤེགས་ནས་ནི། །
ཡོན་ཏན་ཕྱིན་ལས་འདི་དང་མཉམ་པ་ནི། །
སྟོན་འདུས་དུས་སུ་བྱུང་སྐྱད་ཅང་མི་གདའ། །
ས་སྟེང་གནས་ཀྱི་མཐའ་འོག་འདི་ཉིད་ན། །
ད་ལྟ་མཉམ་པའི་དཔེ་ཟླ་གང་ཡང་མེད། །
མ་འོངས་ཚངས་རལ་སྲས་པོ་མ་ཐྲོན་བར། །
ཕྱི་ནའང་འདི་འདྲའི་འགྲོ་མགོན་འབྱུང་རེ་སྐན། །

　　祖師被身綠色的菩薩團團圍繞，駕著祥雲，前往北方勝業淨土。壁畫中，坐在佛塔右下方，目視外面、身色綠色的就是迎請覺巴吉天頌恭祖師到淨土的菩薩眷屬（圖標10）。

　　在一個名為塔嘎尼巧的地方，一些善男信女募集經費，為覺巴吉天頌恭祖師建造了一個講法的寶座。祖師圓寂時，寶座之上降下了舍利雨，滿地滾動，俯拾即是；天空中還出現了3個太陽等各種各樣不可思議、異於常理的難解現象。其偈言如下：

> 天升三日氳氤布彩雲，
> 久住之地降下舍利雨，
> 奇哉妙哉神奇法王尊，
> 拘尸那城佛入涅槃後，
> 與彼事業功德相等者，
> 往昔之時據說不曾有，
> 地上天下於此世界中，
> 現今無人能與彼等同，
> 未來梵髻王子出世前，
> 往後決無此般怙主出。

ཞེས་གསུངས་པས། རྗེ་རིན་པོ་ཆེའི་གདུང་དང་ཚོས་སྐྱོང་སྲུང་མ་
རྣམས་དཔང་པོར་བཞག་ནས་སྤྲུན་ལྷ་འབྲི་གུང་སྐྱིང་པ་དང་སྤྲུན་ལྷ་རིན་པོ་
ཆེ་གྲགས་པ་འབྱུང་གནས། སྤྲོབ་དཔོན་ཡང་དགོན་པ་ལ་སོགས་པའི་ཉི་གནས་
རྣམས་ཀྱིས་ཁམས་ལ་སོགས་པ་སོ་སོའི་ཡུལ་དུ་ཡང་སྤྲོག་རེ། འབྲི་གུང་ཐེལ་
འདི་ཉིད་དུ་བཞུགས་ཀྱང་མི་བཞུགས་རེའི་དཔྲ་སྐྱང་བཞེས་པའི་དུས་སུ་འབྲི་
གུང་དུ་རིང་བཞེལ་གྱི་ཆར་བབ་པ་མཚོད་རྟེན་གཡས་གཡོན་ཏོག་གི་རྩེ་ཏུ་
ཕུར་གཞིས་པོས་ (११) མཚོན་ནོ།།

 རྩ་ཚིག

དུལ་བྲལ་ཏེ་མེད་ཚོག་གི་འཇིག་རྟེན་ད།།
ཏོ་རྗེ་སེམས་དཔའི་སྐུལ་པ་མཚོག་གི་མཛོད།།
མཐའ་ཡས་ཏིང་འཛིན་སྒོ་ལ་སྐྱོམས་འཇུག་པས།།
མི་བཟད་གཟོད་མང་འཇོམས་ལ་ཕྱག་འཚལ་ལོ།།

ༀ་སྐྱོབ་པ་རིན་པོ་ཆེ་འབྲི་གུང་ནས་ཉེ་གནས་རྣམས་ཀྱིས་ཁྲི་བཏེག་
པའི་དུས་སུ། འདི་ནས་རྒྱལ་དང་བྲལ་ཅིང་ཏེ་མ་མེད་པའི་འཚོག་གི་འཇིག་
རྟེན་ད། བཅོམ་ལྷན་འདས་ཏོ་རྗེ་སེམས་དཔའི་སྐུལ་པ་མཚོག་ཏུ་གྱུར་པ་དེ་
ལ། མཚོད་པའི་ལྷ་མོ་རྣམས་ཀྱིས་ཕྱི་ནང་གི་མཚོད་པའི་ཚོགས་ནམ་མཁའ་
མཛོད་ལྷ་བྲས་མཚོད་ཅིང་། ཕྱིའི་མཚོད་པའི་ལྷ་མོ་བཞིས་མི་ཏོག་ལ་སོགས་པ་
ཕྱིའི་མཚོད་པ་དཔག་ཏུ་མེད་པ་དང་། གཟུགས་ཏོ་རྗེ་མ་ལ་སོགས་པ་ནང་གི་

　　兼那・直貢林巴、兼那・札巴迴涅和洛本・央
貢巴等祖師的近侍、高徒及門生們，在直貢覺巴吉天
頌恭祖師的舍利塔和護法伽藍面前發誓作證，永遠不
回康巴等各自的故鄉，永遠坐鎮直貢梯寺，弘揚正
法，續佛慧命之際，天空降下了舍利雨（圖標11）。

偈言

離塵無垢下方世界中，
金剛薩埵化身妙寶藏，
以入無量三摩地門定，
摧毀凶猛諸害尊前禮！

　　　在直貢梯強久林寺的近侍們將覺巴吉天頌恭祖
師的遺體抬至法臺時，禪定淨相中看見，在離塵無垢
的下方世界之中，尊貴的覺巴吉天頌恭祖師變成了出
有壞圓滿正等覺金剛薩埵如來，由不計其數的供養天
女歡喜踴躍，畢恭畢敬地捧著無數內外清淨廣大供養
品，就好像虛空寶藏般，稀世之珍，物華天寶，無一

མཆོད་པའི་ལྷ་མོ་རྣམས་ཀྱིས། གཟུགས་སྐུ་དྲི་རོ་རེག་བྱ་ལ་སོགས་པའི་ནང་གི་
མཆོད་པས་མཆོད་དེ། མཐའ་མེད་པའི་འཇིག་རྟེན་གྱི་ཁམས་སུ་སངས་རྒྱས་
ཀྱི་ཡོན་ཏན་དཔག་ཏུ་མེད་མཛད་ནས། ཕྱིའི་མཆོད་པའི་ལྷ་མོ་བཞི་ནང་གི་
མཆོད་པའི་ལྷ་མོ་བཞི་ལ་ཐིམ། ནང་གི་ལྷ་མོ་བཞི་རྡོ་རྗེ་སེམས་དཔའ་ལ་ཐིམ།
བཅོམ་ལྡན་འདས་རྡོ་རྗེ་སེམས་དཔའ་ཆོས་སྐུའི་རང་བཞིན་དུ་རིམ་པར་ཐིམ་
པ་གཟིགས་པ་སོགས། མཐའ་ཡས་པའི་ཏིང་ངེ་འཛིན་གྱི་སྒོ་དུ་མ་ལ་མཚོན་
པར་དབང་འབྱུག་པར་མཛད་དེ། ཐོག་མཐའ་བར་གསུམ་དུ་མི་ཟད་པའི་
གནོད་པའི་ཚོགས་སྣང་པོ་རྟོག་མེད་དུ་འཚོམས་པར་མཛད་པའི་ཡ་མཚན་པ་རྗེ་
ལ་ཕྱག་འཚལ་ལོ། །ཞེས་སོ།།

འདི་ལ་འབང་བྱར་དུ་རེ་ཨོའི་བཀོད་པ་མ་བྱུང་ཞིང་། ལྷ་མོ་བཞི་སོགས་
གོང་གི་བྱང་ཆུབ་སེམས་དཔའི་འཁོར་དེ་གས་མཆོན་པར་སེམས་སོ།།

不備，應有盡有。外供養的4位天女手捧無量無邊、萬紫千紅、五彩繽紛的花朵恭敬供養；色金剛天女等內供養的天女們虔誠奉上以色、聲、香、味、觸等無邊無際、豐富多彩的內供養品。在百千萬億無數世界之中，應現無數化身，無盡功德，普化世人。然後，外供養的4位天女融入內供養的4位天女；內供養的4位天女漸漸化光融入金剛薩埵如來；出有壞金剛薩埵如來融入法身自性之中，光明圓通。然後，又自在駕馭出入無量無邊、不計其數的三摩地之門。

覺巴吉天頌恭祖師的前、中、後各個人生階段的每個時刻，都從根本上淨除並克服了所有的違緣障礙和艱難險阻。作者兼那・直貢林巴說，他恭敬頂禮具有這般無量功德的覺巴吉天頌恭祖師。

這首偈言沒有單獨畫出圖像中的幾位內外供養天女，我想可以囊括在前面提到的菩薩眷屬之中，在此不用一一予以標注和說明。

སྔོན་ཆོན་འདས་དུས་ཀྱི་ཡིང་ཚོ།

過去世

(1) སངས་རྒྱས་སྨོན་པ་ཆེན་པོ། 大念巴如來

(2) ཕྱག་ན་རྡོ་རྗེ། 金剛手菩薩.

(3) ཁྲི་རལ་པ་ཅན། 赤熱巴堅國王

(5) ཁྱིམ་བདག་བཟང་ལྡན། 施主桑旦

(4) ཉན་ཐོས་བཟང་རྒྱས། 聲聞桑吉

མཛོད་པ་བཅུ་གཅིག

སྟོད་ཆོན་འདས་དུས་ཀྱི་ལིང་ཚེ།

རྩ་ཚིག

དང་པོར་སངས་རྒྱས་ཐོག་མེད་འདས་དུས་ན།།
བདེ་གཤེགས་སྐུ་ཆེན་བསྟན་འཛིན་ཕྱུགས་ཀྱི་སྲས།།
ཀུན་བཟང་དཔང་བསྐུར་རྒྱལ་པོ་ལ་སོགས་པར།།
མཛོད་པ་མཐའ་ཡས་བསྟན་ལ་ཕྱག་འཚལ་ལོ།།

རེ་མོའི་འགྲེལ་བཤད།

སྟོན་འདས་པའི་དུས་སུ་བསྐལ་པ་སྟོན་པ་ཞེས་བྱ་བ་བྱུང་བ་ལ།   དེ་
བཞིན་གཤེགས་པ་སྟོན་པ་ཆེན་པོ་ཞེས་བྱུང་། དེ་སྐྱ་ངན་ལས་འདའ་དུས་ཁྲིམ་
བདག་སྟོན་ཆེན་བཟང་སྲན་བྱ་བས། བདེ་གཤེགས་སྟོན་ཆེན་པོ་དེའི་སྐུ་གདུང་
བསྲེགས་ནས་མཆོད་པ་ཕུལ་བས་ཉིང་དེ་འཛིན་ལ་དབང་ཐོབ།

རྒྱུ་དེས་ད་ལྟ་ཕྱ་སྐྱོབ་པའི་ཕྱགས་སྲས་དཔལ་ཆེན་ཚོས་ཀྱི་ཡེ་ཤེས་ནེ་
གནས་བྱེད་པ་འདི་བྱུང་ཞེས་ཕྱ་སྐྱོབ་པས་གསུང་པར་བརྟེན། འབྲི་གུང་ཕྱ་སྐྱོབ་
པ་ཉིད་དང་པོའི་སངས་རྒྱས་སྟོན་ཆེན་པོ་དེ་ཡིན་པར་ཞལ་གྱིས་ཞེས་པས། དེ་
མཆོན་བྱེད་དུ་གཡོན་ངོས་ཀྱི་སྐུ་ཐོར་ཚིག་དང་ཚོས་སྐོར་གྱི་ཕྱག་རྒྱ་ཅན་འདི་

事蹟十一
過去世

偈　言

首先過去最初佛之時，
盛譽如來及持教心子，
普賢灌頂王等所示現，
無量事業行誼我頂禮！

【圖文解說】

久遠劫之前，出現一個名為「美稱劫」的世界，在此世界有一位名為大念巴如來。大念巴如來圓滿道業涅槃時，具賢年千桑登的長者收集了盛譽如來的骨舍利，做廣大清淨的供養，以此功德，他便得到了任運出入無數三摩地的能力。

一次，祖師回憶過去世因緣故事時，深有感觸地對大眾說道：「我的心子白欽曲吉益西，今世也成為了我的近侍隨從。」也就是說，祖師間接承認了自

དེ་བཞིན་གཤེགས་པ་སྟོན་པ་ཆེན་པོའི་སྐུ་(༡)དང་།

དེ་མཚུངས་བསྟན་པ་སྤྱ་དར་གྱི་དུས་སུ། དཔལ་ཕྱག་ན་རྡོ་རྗེས་དབང་བསྐྱར་བའི་བོད་ཀྱི་རྒྱལ་པོ་མངའ་བདག་ཁྲི་རལ་དེ་ཉིད་སྤྱ་དུས་ཡ་སྐྱོབ་པའི་སྐུ་ཕྲེང་ཞིག་ཡིན་པ་གསུངས་ནས་རྒྱལ་སྲིད་ཚོས་བཞིན་དུ་བསྐྱངས་པ་དེ་མཚོན་བྱེད་དུ་གཡས་ཕྱོགས་དབུ་མཐོངས་སུ་བཞེངས་པ་འདི་དཔལ་ཕྱག་རྡོར་(༢)གྱི་སྐུ་དང་། དེའི་འོག་ཏུ་ལ་བོད་རྒྱལ་པོའི་ཆ་བྱད་དེ་མངའ་བདག་ཁྲི་རལ་པ་(༣)ཡིན།

དུས་དེར་ཉན་ཐོས་གཉེན་པ་ཆེན་པོ་བཟང་བྱེད་བྱ་བ་དང་། ཁྲིམ་བདག་གཉེན་པ་བཟང་སྲུན་བྱ་བ་ཡང་བྱུང་བས། ཡ་སྐྱོབ་པའི་སྐུའི་གཡས་ཕྱོགས་སུ་མངས་རྒྱས་གཉེན་པ་དང་ཞལ་སྤྱོད་དུ་བཞུགས་པ་འདི་ཉན་ཐོས་གཉེན་པ་བཟང་བྱེད་ (༤) ཡིན།

དེའི་འོག་ཏུ་གཡོན་ངོས་སུ་མངའ་བདག་ཁྲི་རལ་པ་དང་ཞལ་སྤྱོད་དུ་བཞུགས་པ་འདི་ཁྲིམ་བདག་གཉེན་པ་བཟང་སྲུན་(༥)ཡིན།

འདི་དག་གིས་སྤྱོད་ཚན་འདས་པའི་དུས་ཀྱི་ཡིང་ཚེ་སྟོན་པར་བྱས་སོ།།

己就是大念巴如來的乘願再來。見圖中位於主尊畫像右側，手結法輪印、高盤髮髻者就是盛譽如來（圖標1）。

　　無獨有偶，在藏地前弘時期，吉祥金剛手菩薩（圖標2）曾為藏地國王赤熱巴堅做灌頂加持，赤熱巴堅國王也是祖師過去應化的一個化身。他以佛法治國，以正法安民，成為了西藏歷史上赫赫有名的一代君王，功勳卓著。壁畫中，主尊畫像左上方的就是吉祥金剛手菩薩；其下，頭繫綢緞、身穿皇袍的便是赤熱巴堅國王（圖標3）。

　　當時出現了聲聞桑吉和施主桑旦，見圖中祖師畫像左側，坐在大念巴如來對面的就是聲聞桑吉（圖標4）；其右下方，坐在赤熱巴堅國王對面的便是施主桑旦（圖標5）。

　　以上是覺巴吉天頌恭祖師傳記中過去世這一章節的全部內容。

ཙ་ཚོག

མ་འོངས་འབྱོར་བའི་རྒྱུ་མཚོ་མ་སྟོངས་ཚོ།།
ཆད་མེད་ཐུགས་རྗེས་འགྲོ་རྣམས་མི་གཏོང་ཞིང་།།
སྲིད་པའི་མཚོ་ཆེན་ཕྱག་བཞལ་རབ་སྐྱོལ་བ།།
ཡ་སྐྱོབ་པའི་རྐྱབས་ཀྱི་མཆོག་ལ་ཕྱག་འཚལ་ལོ།།

ཙ་ཚོག་འགྲེལ་བཤད།

ཕྱིས་འབྱུང་མ་འོངས་པར། འབྱོར་བའི་ཕྱག་བཞལ་གྱི་རྒྱུ་མཚོ་ཆེན་པོ་
མ་སྟོངས་གི་བར་དུ། སེམས་ཅན་རྣམས་ལ་བྱམས་པ་དང་སྙིང་རྗེ་ཆད་མེད་
པའི་ཐུགས་རྗེ་ཆེན་པོས། འགྲོ་བ་སེམས་ཅན་རྣམས་སྐད་ཅིག་ཀྱང་བློས་མི་
གཏོང་ཞིང་། སྲིད་པ་ཁམས་གསུམ་འབྱོར་བའི་ཕྱག་བཞལ་གྱི་རྒྱུ་མཚོ་ཆེན་པོ་
ལས་རབ་ཏུ་སྐྱོལ་བར་མཛད་པའི། མགོན་མེད་ཡ་སྐྱོབ་པའི་རྐྱབས་ཀྱི་མཆོག་ཏུ་
གྱུར་པ། ཡ་སྐྱོབ་པ་འཇིག་རྟེན་གསུམ་མགོན་ལ་ཕྱག་འཚལ་ལོ།། ཞེས་སོ།།

འདིར་མ་འོངས་པའི་རི་མོའི་བཀོད་པ་ཟུར་དུ་མེད། ད་ལྟའི་རྣམ་ཐར་
འདི་ལོ་ན་བཞིན། མ་འོངས་པའི་རྣམ་འདྲེན་ལྷ་པ་རྒྱལ་ཚབ་མི་ཕམ་མགོན་
པོའི་རྣམ་རོལ་དུ་འང་གྱུར་ནས་འབྱོར་བ་མ་སྟོངས་གི་བར་དུ་བཙན་འགྲོའི་
དོན་རྣབས་པོ་ཆེ་སྐྱོང་བར་མཛད་པ་ཡིན་ནོ།།

偈言

未來輪迴大海未空前，
悲心無量故不捨眾生，
並救輪迴大海之苦者，
覺巴最上皈依我頂禮！

偈言注釋

乃至輪迴不空的未來之際，在還沒乾涸的輪迴苦海之前，以無量無邊、悲天憫人的大慈大悲之心，時時垂念，刻刻關照，剎那不捨棄可憐的有情眾生，使其從永無止境、無休無息的三途苦海中永得度脫、登上解脫彼岸的偉大導師就是直貢覺巴吉天頌恭祖師。作者兼那·直貢林巴以虔誠之心、殷切之意恭敬頂禮這樣一位具備百千萬億功德的殊勝皈依處—覺巴吉天頌恭祖師。

雖然，在這裡沒有特別畫出表示未來世的圖畫，但就像在下一章裡要提到的現在世的情節一樣，覺巴吉天頌恭祖師不斷應化各種各樣的形象，普度有情，造化眾生，引領世間凡愚。譬如，覺巴吉天頌恭祖師化現成未來的第五佛—彌勒佛，示現八相成道，利益人天，盡輪迴未空之際，宣化世人，秉持如來家業，綿延流傳，永不止息。

ཡིག་ཚན་ད་ལྟ་བའི་ཡིང་ཆོ།

現在世

(6) ཁྲོམ་གི་སར་རྒྱལ་པོ།
突厥國王

(2) དཔལ་ལྡན་ལྷ་མོ།
吉祥天母

(1) མགོན་པོ་ཞིང་། (7) མི་ཉག་རྒྱལ་པོ། (5) ཏ་ཟིག་རྒྱལ་པོ། (4) རྒྱ་ནག་རྒྱལ་པོ། (3) རྒྱལ་པོ་མགོ་ཏུ་རེ་ཥ།
大黑天護法　　　西夏國王　　　波斯國王　　　中國國王　　　印度國王

མཇོད་པ་བཅུ་གཉིས་པ།
བོག་ཆོན་ད་ལྟ་བའི་ཡིང་ཚེ།

རྩ་ཚིག

ཐུབ་པས་རབ་བསྒྲགས་ཁ་བ་ཅན་སྐྱོངས་སུ།།
ཡུན་རིང་འཚོ་ཞིང་གྲགས་མེད་ཕྲིན་ལས་ཀྱིས།།
དཔག་མེད་འགྲོ་བའི་དོན་མཇོད་འཇིག་རྟེན་མགོན།།
དུས་གསུམ་འགྲན་བླ་བྲལ་ལ་ཕྱག་འཚལ་ལོ།།

རི་མོའི་འགྲེལ་བཤད།

ཡིང་ཚེ་འདིའི་གཡས་ཐོས་དེ་མགོན་པོ་བེང་(༡)ཡིན། འདི་འཇྲེ་གུང་
བླ་བྲུ་ཆེན་པོ་བརྩེགས་པའི་དུས་སུ་༔སྐྱོབ་པ་འཇིག་རྟེན་མགོན་པོའི་ཞལ་
ནས་དམ་པའི་ཆོས་ལ་སུ་གསུམ་བྱ་བ་གསུངས་ཏེ། ཕྱིར་ཐབས་ཅད་ལ་འཐར་
བའི་སུ་དང་། འཐུབ་པའི་སུ། ཡང་ན་རང་སོར་གནས་པའི་སུ་སོགས་ཡོད་
གསུངས་པར། ནག་ཕོད་མཁན་པོ་ན་རེ། འཇིག་རྟེན་མགོན་པོ་རང་ཡང་སུ་
མང་བ་ཡིན། དགེ་འདུན་ལས་བྱེད་དུ་མི་འཐུག་པ་ཟེར་བར། དེའི་ཉུབ་སོར་
མགོན་པོའི་བེང་བྱུར་བླ་བྲེ་ལ་གཏད་པ་ཞིག་གཟིགས་གསུངས། དེའི་ནང་
པར་བླ་བྲེ་ཁགས་སེ་ཤིགས་སེ་ལ་སོང་ནས་གཟིགས་འདུག་༔སྐྱོབ་པ་རིན་པོ་
ཆེའི་ཞལ་ནས་ངའི་ཆོས་སྐྱོང་ཡང་ཆོས་སྐྱོང་བ་ཡིན། བྱ་བཞག་སྐྱོང་བ་མ་ཡིན

事蹟十二
現在世

偈　言

能仁勝讚雪域藏地中，
長時生活並以諸事業，
利益無量眾生為怙主，
三世無匹敵者我頂禮！

【圖文解說】

　　這張圖片中，站在主尊畫像右側的忿怒本尊是持梃大黑天護法（圖標1）。

　　一次，正當修建直貢拉益梯的時候，覺巴吉天頌恭祖師來到施工處給僧眾講經，說道：「佛法有三個邊，增長的邊、墮減的邊、平坦的邊三種。」此時，納修堪布聽到後說：「吉天頌恭祖師，您講的邊太多了，讓僧眾修建寺廟吧！」當下，祖師說他看到持梃大黑天持杖一端指向拉益梯，第二天人們發現前

གསུངས། འདི་ལ་ཚིགས་སུ་བཅད་པ་ཡང་།

བུ་བྱེད་གཙོར་བྱེད་དབང་ཆེན་ཚྲོམ་པ་ཡང་།།
ཚོས་ཆུགས་འཛྲིན་ནས་མ་གུས་གྱུར་པའི་ཚེ།།
ལེགས་ལྡན་ནག་པོ་བེང་གིས་བསྒྲུབ་པ་ཡིས།
ཡུན་རིང་འབད་ནས་རྩེགས་པའི་བླ་དབྱེ་ཤིགས། །

ཞེས་བྱུང་ངོ་།།

གཡོན་གྱི་དཔལ་ལྡན་ལྷ་མོ་(༢)འདི་ནི་དངོས་གྲུབ་བསྟན་གཟིགས་
ཀྱི་རྐྱེན་ནས། འཇིག་རྟེན་མགོན་པོ་དེ་ཉིད་སེམས་ཅན་དགྱལ་བའི་དོན་དུ་
དཔལ་ལྡན་ལྷ་མོ་བོང་བུ་ལ་འཆིབས་ནས་གཤེགས་གསུངས་པ་དེའོ།།

དགེ་འདུན་གྱི་ཚོགས་འདུས་པ་ཡང་། ལྷ་ཕྱིའི་མཁས་པ་ཀུན་གྱིས་རྗེ་
བཙུན་བྱམས་མགོན་གྱི་འཕོར་འདུས་པ་དང་པོ་དང་མཉམ་ཞེས་གསུངས་
ཤིང་། ༼བསྐྱབ་པ་འཇིག་རྟེན་མགོན་པོ་འབྲི་གུང་གདན་ས་ཐེལ་གྱི་དགོན་པར་
དགུང་ལོ་བཞི་བཅུའི་བར་དུ་ཚོས་ཀྱི་འཁོར་ལོ་བསྐོར་བའི་དུས་སུ༽

天剛修建好的拉益梯牆壁全部塌陷了，祖師見狀說
道：「我的護法也是護持佛法，而不是只護持寺院的
瑣事。」對此，專門有一首偈言：

> 工程主事權大又傲慢，
> 侵害佛法變不恭敬時，
> 自在黑天持梃杖擊故，
> 長時修砌庭院頓時毀。

　　主尊畫像左側的人物乃是吉祥天母（圖標2）。
《賜予悉地續》中記載，一次，祖師騎著吉祥天母的
騾子，逕直走入地獄，度化了在地獄受苦、無量無邊
的眾生。

　　覺巴吉天頌恭祖師攝受的弟子難以計數，不可
估量。多數學者都一致認為，祖師收人為徒的數量與
未來第五佛──彌勒佛首批眷屬的數量相同，無有二
致。覺巴吉天頌恭祖師住持直貢梯寺到40歲左右，
住持期間廣轉法輪，接引度化世人，從未中斷，因此
聲名遠播。

རྒྱ་གར་གྱི་ཡུལ་དུ་ཐར་ལ་བཙོམ་ལྷུན་འདས་ཐུབ་པ་ཆེན་པོ་དངོས་འཛིག་
ཋེན་དུ་བྱོན་ནས་སེམས་ཅན་གྱི་དོན་མཛད་ཟེར་བའི་སྐྱེན་པ་བྱུང་ནས།
གཡོན་ཕྱོགས་རྒྱབ་བྱུར་ནས་ཡར་ལངས་པ་དེ། ཡུལ་ལྷ་ར་ན་སིའི་རྒྱལ་པོ་མགོ
ཚ་དེ་ལྷ་(༣)ཞེས་བྱ་བ་འབྲི་གུང་དུ་དངོས་སུ་ཞལ་བསྐ་བར་བྱོན་ནས་ཚོས་
ཞེས་ཁྱིང་ཕྱོག་ཞུ་ཕུད་པ་འདིའོ།།

རྒྱ་ནག་གི་ཡུལ་ལ་མར་ཋེ་བཙུན་འཛམ་དབྱངས་དངོས་འཛིག་ཋེན་
དུ་བྱོན་ནས་སེམས་ཅན་གྱི་དོན་མཛད་ཟེར་བའི་སྐྱེན་པ་བྱུང་བས།   རྒྱ་ནག་
རྒྱལ་པོའི་སྲས་རྒྱལ་བུ་བཟང་པོ་(༤)བྱ་བ་ནེས།   འབྲི་གུང་གི་ཕྱོགས་སུ་སྣན་
དང་མཆོད་པ་ཕུལ་བས། སྐུའི་རྒྱབ་ནས་ལྷང་བ་དེ་ནི་རྒྱ་ནག་གི་རྒྱལ་པོ་ཡིན།

ཡང་ད་ཟེག་གི་རྒྱལ་ཁམས་སུ་ཐར་ལ་འཛིག་ཋེན་མགོན་པོའི་བུ་སློབ་
གསུམ་ཕྱིན་པར། མི་མཆོན་ཚ་ཐོགས་པ་མང་པོ་བྱུང་ཋེ་བཟུང་ནས། རྒྱལ་པོའི་
བུང་དུ་འདོང་ཟེར།   དེར་འབྲི་གུང་ནས་ཡིན་པ་ཤེས་ཋེས་ཁོང་གསུམ་རྒྱལ་
ཁང་གི་ཟངས་ཀྱི་དུས་སྦྱར་ཀྱི་ཁ་ནས་འབབ་པའི་ཋིང་བུ་ཞིག་གི་ནང་དུ་ལུས་
པོ་འབྲུ་དུ་བཅུག   དེར་སྦོལ་ལྱགས་ལ་སོགས་པ་ཅི་བྱེད་པ་ཡིན་ལྱམ་ཙ་ན།
གོས་ཆེན་གྱི་ན་བཟའ་མང་པོ་གསོལ་ནས། བོའི་རྒྱལ་ཕུན་བྱེད་དུ་བཅུག་པ་ལ་
གཉིས་ཀྱིས་ཕོས་ནས་ཕྱིན། གཅིག་པོ་དེས་རྒྱལ་ཕུན་བྱས་ནས་བསྟད། ཊ་ཟེག་
གི་རྒྱལ་པོ་དེ་ཡང་འབྲི་གུང་གི་ཕྱོགས་སུ་ཕྱག་འཚལ་བ་དང་། བསྟོད་པ་མང་
པོ་བྱེད་པ་དེ་མཆོན་བྱེད་དུ་ཊ་ཟེག་གི་རྒྱལ་པོས་(༥)ཐལ་མོ་སྒྱུར་བ་ཡིན།

在印度，人們傳說藏地出現了一位出有壞佛陀的真身，教化世人，普度眾生。於是，祖師威震天竺。在印度鹿野苑，有位名為郭匝德瓦的國王帶著隨從，跋山涉水，不遠萬里，親自來到直貢拜見祖師，聆聽法要，祈求加持。見壁畫中，位於覺巴吉天頌恭祖師畫像左後方的第一個人物（圖標3），就是印度鹿野苑郭匝德瓦國王。圖中他摘下皇冠，恭敬侍立在祖師的旁邊。在漢地，人們傳說藏地出現一位文殊師利菩薩的真身，宣化凡愚，利益人天。中原有位雄霸一方的國王之子，名為加布桑博，派人到直貢向祖師供養了靈丹妙藥、奇珍異寶和美味佳餚。圖中，恭敬站立在主尊畫像身後的就是中國的那位國君（圖標4）。

有一次，祖師的3位弟子遠遊波斯，入境時被士兵團團圍住，押解到皇宮門口，去參見他們的國王。波斯國王知道他們來自藏地直貢後，隨即請他們到皇宮的浴池裡沐浴梳洗。浴池出水口是由環繞池邊且以黃銅打造的3隻巨型烏龜口中噴出。他們洗漱完畢後，又按當地風俗，被賜以綾羅綢緞衣物，並受邀當他的人民。其中有一人謝恩從命，其餘兩人不願領受，趁著夜色逃走出宮。這位波斯國王聽了覺巴吉天頌恭祖師的修證功德後，便起身面向直貢懇切禮拜，

ཁྲིམ་གི་སར་དམག་གི་རྒྱལ་ཁམས་ན། ཐར་ལ་ཇོ་བོ་ཕྱགས་རྗེ་ཆེན་
པོ་དངོས་སུ་འཇིག་རྟེན་དུ་བྱོན་ནས། སེམས་ཅན་གྱི་དོན་བྱེད་པ་ཨིན་ཟེར་
བའི་སྐྱེན་པ་བྱུང་བ་དང་། ཁྲིམ་གི་སར་དམག་གི་རྒྱལ་པོ་དེས། དགུས་ཁ་ཐར་
ཁན་བྱུ་བ་རྗེད་པར་དགའ་བའི་རིན་པོ་ཆེ་སྣ་བདུན་ལན་གསུམ་འཕྲི་གུང་དུ་
བསྐུར་ནས་བྱུང་བས། དེ་མཚོན་པར་བྱེད་པ་གཡོན་རྒྱབ་ཀྱི་ལྷུང་ལྔ་དེ་ཁྲིམ་གི་
སར་དམག་གི་རྒྱལ་པོས་(༤)ལག་ན་རིན་པོ་ཆེ་ཕོགས་ནས་འབུལ་བ་བྱེད་པ་
ཨིན།

དེ་ལྟར་མཐའ་བཞིའི་རྒྱལ་པོས་གཙོས། ཞབས་ཏོག་དང་འབྲེལ་བར་
གྱུར་པ་ནི། སྐད་རིགས་མི་གཅིག་པའི་རྒྱ་གར་དང་། དུ་རུ་ཀ་དང་། ཁ་ཆེ་དང་།
བལ་པོ་དང་། གར་ལོག་དང་། ལི་དང་། ཏོར་དང་། འཇང་དང་། རྒྱ་ནག་དང་།
ཁྲི་ཐན་སོགས་སྐད་རིགས་མི་གཅིག་པ་མང་པོས་ཞལ་མཛལ་ཞིང་། གསོལ་
བ་འདེབས་པ་དང་ཆོས་ཞུ་ཚུལ་མདུན་འོག་ཏུ་བཞུགས་པའི་མི་ཞག་རྒྱལ་པོ་
སོགས་(༥)པོས་མཚོན་པར་བྱས་སོ།།

讚歎不止。見圖中覺巴吉天頌恭祖師畫像正下方，雙手合十、恭敬而坐的就是那位波斯國王（圖標5）。

在突厥，人們傳說藏地出現了一位大慈大悲觀音菩薩的真身，指點迷津，救拔苦海。突厥國王對覺巴吉天頌恭祖師生起堅固不變的信心，曾3次派遣人馬護送「久喀塔坎寶物」到直貢供養祖師。久喀塔坎，是由7種寶珠製成的罕見稀世寶物，價值連城。見圖中，站立在覺巴吉天頌恭祖師（畫像）右後方，手捧寶珠恭敬供養的就是突厥國王（圖標6）。

諸如此事跡不勝枚舉，遠近四方各個國家的君王都爭先恐後地恭敬供養祖師，足見祖師的凜然之修為，不朽之威德。而且，操持各種語言的人，如來自印度、杜嚕嘎、喀什米爾、尼泊爾、突厥、契丹、西夏等各個國家和地區的人前後來到直貢拜謁恭祖師，恭敬祈請，祈求心法，賜予加持。壁畫中，覺巴吉天頌恭祖師畫像的下方，正襟危坐、雙足結跏趺的是西夏國王（圖標7），象徵著祖師來自各地、操持各個方言土語的男女信徒。

མཁའ་འཛག་ཏུ།

ཙ་ཚིག

གྲུས་པས་གསོལ་བ་གང་བཏབ་ཚེས་ཀྱི་སྐུ། །

མཁར་ཕྱུག་མཆམ་ཞིད་བདེ་ཆེན་མཛོད་པ་ཡི། །

མཆུངས་མེད་འགྲོ་མགོན་ཚོས་རྗེ་རིན་ཆེན་གྱི། །

སྐུ་གསུང་ཐུགས་ལ་ཕྱག་འཚལ་སྐྱབས་སུ་མཆི། །

དེ་ལྟ་བུའི་མཛད་པའི་རྣམ་པར་ཐར་པ་འདི་དག་གང་གིས་ཐོས་པ་དང་། བརྗོད་པ་དང་། མཐོང་བ་དང་དྲན་པར་གྱུར་པ་དེ་དག་ཐམས་ཅད་ཀྱང་མཆུངས་པ་མེད་པའི་མགོན་པོ་དེ་ཉིད་ཀྱི་ཕྲིན་ལས་ཀྱིས་བསྐུས་ནས་རྒྱུད་སྨིན་པ་དང་གྲོལ་བར་མཛད་ཅིང་བྱང་ཆུབ་ལ་འགོད་པར་ངེས་སོ།།

གོང་དུ་ནི་དབུས་ཕག་གྲུ་གདན་ས་ཐེལ་དུ་བྱས་ནས་འགྱེལ་བརྗོད་བྱས་ཤིང་། ཡང་འབྲི་གུང་གདན་ས་ཐེལ་དབུས་སུ་བྱས་ནས་འགྱེལ་པར་བྱེད་ན་འཇིག་རྟེན་གསུམ་གྱི་མགོན་པོ་བླ་མ་རིན་པོ་ཆེའི་གཞན་ལས་ཁྱད་དུ་འཕགས་པ། ཐུན་ཚོང་མ་ཡིན་པའི་རྣམ་པར་ཐར་པ་བཅུད་དེ་འབྲི་དགོས།།

འདི་ཐིས་དགེ་བས་འགྲོ་བ་མ་ལུས་ཀུན། །

ཀུན་མཁྱེན་མཆམ་མེད་ཚོས་རྗེ་རིན་ཆེན་གྱི། །

མི་ཟད་རྒྱུན་གྱི་འཕོར་ལོར་གྱུར་ནས་ཀྱང་། །

བླ་མེད་ཚོས་ཀྱིས་འགྲོ་བ་འདྲེན་པར་ཤོག །

結　尾

偈　言

撰此之善願令諸眾生，
皆成遍知無比法王尊
仁欽貝之無盡莊嚴輪，
並以無上妙法領眾生！

　　任何人見聞、講說、憶念覺巴吉天頌恭祖師的
這本傳記，都會被祖師廣大無邊的慈悲菩提心所攝
持，成熟其相續，繼而解脫其相續，最後安住在菩提
大道上，奮勇向前，獲得正果。
　　以上是以帕竹丹薩梯寺為中心的圖像注釋，另
一種以直貢梯寺為中心的不同畫法則不在此作介紹。

撰此之善願令諸眾生，
皆成遍知無比法王尊
仁欽貝之無盡莊嚴輪，
並以無上妙法領眾生！

國家圖書館出版品預行編目 (CIP) 資料

《十方三世》覺巴吉天頌恭祖師傳記 / 兼那‧直貢林巴謝拉迥
涅著 . -- 第一版 . -- 臺北市：樂果文化出版：紅螞蟻圖書發行，
2021.05
　　面；　公分 . -- (樂繽紛；48)
ISBN 978-957-9036-32-0 (精裝)

1. 吉天頌恭 2. 藏傳佛教 3. 佛教傳記

226.969　　　　　　　　　　　　　　　110006630

樂繽紛 48
《十方三世》覺巴吉天頌恭祖師傳記

原　　　　　著 ／	覺巴吉天頌恭祖師傳記《十方三世》
作　　　　　者 ／	兼那‧直貢林巴謝拉迥涅
壁　畫　注　釋 ／	直貢法王赤列倫珠

འབྲི་གུང་སྐྱབས་མགོན་ཕྲིན་ལས་ལྷུན་གྲུབ།
His Holiness Drikung Kyabgon Thinle Lhundup

發　　　　　行 ／	台灣慧焰文化
中　文　翻　譯 ／	李星陸翻譯團隊
封　面　設　計 ／	直跋給‧貢覺丹增
藏文編輯 / 校對 ／	直跋給‧貢覺丹增 林純瑜
中文編輯 / 校對 ／	李正秋 劉貞吟 廖貫延 王昌寧

出　　　　　版 ／	樂果文化事業有限公司
讀 者 服 務 專 線 ／	(02)2795-3656
劃　撥　帳　號 ／	50118837 號 樂果文化事業有限公司
印　　刷　　廠 ／	卡樂彩色製版印刷有限公司
總　經　銷 ／	紅螞蟻圖書有限公司
地　　　　　址 ／	台北市內湖區舊宗路二段 121 巷 19 號 (紅螞蟻資訊大樓)
	電話：(02)2795-3656
	傳真：(02)2795-4100

2021 年 5 月第一版　定價／ 450 元　ISBN 978-957-9036-32-0